文明的故事

第一卷

当世界年轻的时候

THE STORY of CIVILIZATION

花木僧——主编

杨盛翔 等——著

新星出版社 NEW STAR PRESS

目录 CONTENTS

神奇的开端

希腊文明的碰撞

罗马帝国的兴衰

权力的游戏

信仰的力量

文明的故事

神奇的开端

THE STORY of CIVILIZATION

农业的诞生：人类文明第一次划时代的剧变

当今史学界普遍认为，人类社会的发展迄今经历了三次浪潮，分别为农业革命、工业革命和信息革命。今天我们要讲的就是人类历史上第一次，也是最重要的一次变革——农业的诞生。在此之前，我想先给大家讲一个故事。

在今天土耳其南部的托罗斯山区，流传着一个古老的传说。

那是在1万多年前，这里生活着一个由猎人和采集者组成的部族。

部族里的男人长得强壮、粗犷，蓬头垢面，他们用弓箭和长矛猎捕森林中的动物与河流里的鱼，女人负责准备食物、照顾孩子。他们用简单缝连的兽皮包裹着身体，浑身皮肤呈褐色，面部满是皱纹。

一天晚上，部落所有的成年人都集聚在山坡上的篝火周围。他们的表情非常严肃，显然是要商量重要的事情。

在两块铺着兽皮的石头上坐着两名男子，面庞消瘦、胡须花白的老者是部族的酋长，另一个中年人则是被称作萨满的巫师。篝火前，站着一名

◆ 原始人群居生活想象图

年轻的妇女。她低着头，怀中抱着一个婴儿。

萨满巫师开口说话了：

“现在，我们的生活越来越困难，能抓到的野兽越来越少，甚至连兔子都很难打到。是神灵把愤怒降临到人间，所以才把野兽赶走，把鱼虾驱尽。我们之中有人违背了神灵的意愿。”

巫师把脸转向那个年轻妇女。

“快说，你都干了些什么？”

年轻妇女胆怯地低着头，轻声地回答道：

“我害怕冬天的饥饿，担心我的孩子又会饿死。”

“在外面，靠近我们粪便的地方，长了不少谷物。我把它们都拣了起来，然后又埋到了地下。结果，今年春天，我埋藏谷粒的地方，又长出了许多新的谷物。你们都已经看到了，它们长得很茂密。我们很快就可以收获谷粒了……”

巫师打断了女人的话。

“你违反了神灵的法则！自有人生活以来，我们就依赖神灵的恩赐之物生活：野兽、鱼虾、野菜和森林中的果实，我们只能感恩地接受神为我们创造的食物，不能像神一样自己去创造。我们必须铲除我们部族的毒瘤，我们要把你的谷粒拔下来烧掉，然后按照神灵的旨意在秋天到来之前迁徙。”

一切都按照巫师的意愿实现了。年轻女人的田地被破坏了，人们在秋天离开了他们栖息之地。这是一次可怕的大迁徙，冬天十分寒冷，路途遥远。到了春天，他们来到了一个新的栖息地，这里的生存条件比以前的更加恶劣。经过又一个严酷的寒冬，当春天终于来临时，部落有一半的人没有能够活过这次大迁徙。

又是一天的晚上，部族的人们坐到了篝火的周围。

一个年轻人站了起来，他是部族的新巫师，老巫师已经在去年冬天的严寒中死去。年轻的巫师站起身来，转向当时被指责违背神灵法则的那名妇女。年轻妇女经过两个冬天之后，头发已经变得花白，面部满是皱褶，就好像是一个老太婆。正像她所担心的那样，她的孩子在迁徙中因饥饿和寒冷而死去。年轻的巫师对站在那里的女人说：

“神灵已经站到了你的一边——两个冬天以前，我们把你播种的谷物全部拔掉，这让我们付出了沉重的代价。神灵已经明确地告诫我们：我们必须走你的道路。明天，部族里的全体妇女都要去把谷粒埋到地下，你去告诉她们应该怎么做。这样，我们到了冬天就不至于挨饿了。”

部落里的男人们仍和他们的祖先一样去狩猎、捕鱼，女人们在雨季到来之前的春天，找到一块较为平坦的土地，把上面的野草都拔干净，然后把谷粒种在土里。在田地的周围，摆上石块，以防风把谷粒吹走。人类的女性就是按照这样的方法开始了最初的谷物种植。开始时的收获是微不足道的，她们把收获的一部分谷粒加工成米粥食用，而留下另一部分存放在干燥的地方，准备第二年春天当种子使用。

随着时间的推移，妇女们的种植经验越来越丰富，生产的谷物越来越多，逐渐超过了狩猎、捕鱼的收获。男人们便开始从森林、草原和河流中回归到土地上专门从事谷物种植。

谷物的种植使他们的生活有了更多的保障，不至于到了冬天又有那么多人饿死，他们的部族也越来越兴旺了。那个违背神灵法则最先开始种庄稼的“罪人”，成了受到整个部族尊敬的智者。

这个流传下来的故事，发生在还没有文字记载的石器时代。因此，我们无法考证它的真实程度。但是，后来不断发掘出来的人类遗址和出土文物，为这个故事提供了越来越多的佐证，说明人类发现种植谷物方法的经历，与我们在故事里所看到的非常相似。农业在一开始并没有受到重视，不光是因为原始信仰的制约，也有地理、气候等很多客观的原因。农业起源的真实过程，必然比故事中更加坎坷和复杂。

当然，我们肯定不是讲个故事这么简单，其实这个故事告诉了我们很多关于农业诞生的重要线索。

距今 1 万多年以前，人类社会还处于采集和狩猎时代。人们主要依靠双手采集现成的野生植物作为食物，如野菜、果实、根茎等，同时还狩猎一些小的动物，捕捉一些可食的虫类，捞捕水中的鱼虾等。

那时的人类与地球上很多动物一样，必须不断迁徙，在没有食物可吃之后就移动到另一个地方，居无定所，四处漂泊。

◆ 石锤复原图

农业产生的原因，气候变化非常重要。公元前 9000 年以前，地球很长一段时间处于极端的寒冷中，我们后来把它称为冰河时代。到公元前 9000 年左右，全球气候逐渐变暖，各种植物、动物都能享受到温暖的阳光、和煦的微风。也许是源于一颗偶尔散落在地的种子的生根发芽，像我们故事里那样，人类某个聪明的祖先发现了谷物种植的方法。

农业技术的突破很可能是女人的功劳。在远古社会，男人们通常会到很远的地方狩猎，女人会留在部落定居点种植作物和饲养家畜。

总之，留在家里的女人们在长期的摸索中，观察和熟悉了某些植物的生长规律，慢慢懂得了如何栽培作物。渐渐地，以人工栽培技术为基础的农业，便孕育而生了。

农业首先出现在被称为“新月沃地”的西亚。“新月沃地”是指西亚、北非地区两河流域及附近一连串呈月牙状肥沃的土地。近 1000 多年来“新月沃地”并不是一块福地，这里发生了太多的战争和杀戮。但在最初的时候，生活在那里的人们确实很幸运，他们拥有最多种类的可驯化的野生草本植物，比如小麦、大麦、玉米和稻子这些谷物，另外他们还拥有多种可供人们驯服的大型动物，不仅有猪和触手可及的野马，还有奶牛、山

◆ 岩画上的放牧场景

羊和绵羊。

农业的诞生，从根本上改变了人类以往的生活方式。人类再也不用像动物一样追逐水草丰茂的地方四处迁徙，只要在一块平坦的土地上播下种子，好好地养护，等待收获季节的到来。在漫长的岁月中，那些地面平坦，又有水源可以浇灌庄稼的地方，就聚集了越来越多的人口。一部分人最终实现了从居无定所、到处漂泊的采集和狩猎时代向定居的农耕时代过渡。

但是在早期，农业其实并没有使我们的日子变好。我们都知道农业兴起之后，人口得到增长。但是在农业发展早期，与从事狩猎和采集的祖先

◆ 古埃及人牧鹅图

相比，农民反倒寿命更短，身材更矮了。农民的形象总是愁苦的，反倒是猎人的世界似乎更高贵，更恢宏，更自由，即使是在近代社会，狩猎仍是国王和贵族们喜好的运动。

虽然从某个角度讲，农业的诞生就是人类学会了种地，但是有了种地这种劳动之后，并不仅仅导致人类能更容易地吃饱饭，它还从根本上改变了我们的生活方式。

农业的诞生就像一个陷阱，人类一旦进去，就再也无法回头。农业的兴起塑造了此后的全部历史，一方面人类找到了新的增加生活资料的方法，一定程度上改善了对自然的依赖，定居生活使家庭和村落应运而生。而当小部落的人力物力无法满足更大规模的种植劳动的需要，比如开挖水渠时，部落之间的合并就变得顺理成章了。不同的小部落统一成为大部落，早期的国家雏形也就应运而生了。

在这之后的数千年，不管国家、政权的形态如何变化，农业作为人类存续的核心事业，始终占据着历史舞台的中央。虽然也有很多民族一直以游牧的状态生存着，但并没有成为主流。直到文艺复兴之后，随着新航路

◆ 原始农耕生活雕塑

的开辟，甚至是工业革命的到来，人类文明的主流形态，才又再一次迎来了根本性的改变。

好，我和我的青年历史学家朋友们为你讲述的世界史就这么展开。

我们相信所有事物都是有因果关系的，历史就是探索因果的学问，今日之果乃是昨日之因，今日之因孕育明日之果。我们回望过去，更关注现实。我们探索人类文明发展的轨迹，是为了和你一起理解当今“玄幻”的世界。

（韩毅）

生死观的印记：埃及人的木乃伊

前面我们提到，农业的产生塑造了此后人类的全部历史。人类开始定居，城镇和国家应运而生。因此早期人类定居的地方必定是有利于农业种植的沿河平坦地区。我们通常所说的四大文明古国也被称为四大大河文明，他们分别为尼罗河流域的古埃及、两河流域的古巴比伦、印度河流域的古印度、长江黄河流域的古代中国。本章我们要讲的就是古埃及文明。以它为例，看看人类定居下来之后，有了富裕的食物之后，精神世界有了什么变化。

在早期人类历史中，神话和死亡是无法避免的话题，因此宗教和丧葬文化在早期历史中占据了大部分内容。古巴比伦、古印度宗教色彩浓重，古埃及和古代中国丧葬文化盛行。埃及人痴迷死后的世界，他们相信，今生的精心预备会为死后的生活带来更多享乐。因此埃及文化遗留下很多令人目眩神迷的木乃伊以及法老的金字塔陵墓。本章要讲的就是最能代表古埃及宗教和丧葬文化的木乃伊。

◆ 古埃及画

说起木乃伊，你脑中可能会浮现各种画面。矗立的金字塔，神秘的埃及法老，还有那些私自打开陵墓而受到的诅咒，这些都是因木乃伊而衍生的形象与传说。

那什么是木乃伊呢？木乃伊指一种经过特别处理的尸体。人死后尸体在一个月内就会腐烂殆尽，但如果由于人为或者偶然的原因制造出一种低温、真空、干燥的环境，让分解肉身的细菌很难生存，尸体就能够保存很长时间不会变化。这包括头发、牙齿、骨骼这些本来就难以腐化的人体组织，还包括皮肤、肌肉组织等。我们现在知道最多的木乃伊是埃及法老木乃伊，这主要是因为好莱坞电影和西方世界围绕埃及木乃伊流传的重生魔法。

实际上，世界很多地方都有保存相当完好的古尸。例如 1995 年在秘鲁发现的胡安妮塔的冰冻少女，以及在中国新疆小河墓地发现的神秘女性、长沙马王堆辛追夫人，她们的衣服、肌肉和头发保持得非常完整，形象仍然栩栩如生。

木乃伊为什么不会腐烂呢？生物老师来了，大家注意记一下重点。

尸体腐烂主要是因为人体内和环境中的细菌对尸体的氧化作用所致。这些细菌本身在我们的身体和环境中就广泛存在。人和动物活着的时候，细菌的作用是被免疫系统抑制的。我们肠道中就有很多细菌，细菌和人体共生，并且是我们消化食物的一个重要助手。人死后，没有了免疫系统的抑制，细菌就会过度繁殖，把人体本身当成一个营养对象。人体不断被细菌侵蚀、腐化，最终重归泥土。

实际上，埃及的木乃伊一开始也不是人为的。埃及人最早的丧葬方式就是把人埋到沙漠里去。

在公元前 3500 年之前，无论轩冕贵胄还是贩夫走卒，死后都是这样埋葬的。由于沙漠墓穴比较浅，极端高温干燥的环境使得尸体迅速脱水并干燥，变成了木乃伊。这种现象很大程度上启迪了埃及人。大约从公元前

◆ 尼罗河西岸发现的木乃伊

◆ 胡夫金字塔

2800 年开始他们主动制作木乃伊，这样可以保存尸体。

现今的历史材料大都是关于木乃伊制作的一些宗教仪式，如何制作木乃伊目前材料还不算丰富。最早的木乃伊研究始于 1903 年，科学家用 X 射线研究木乃伊的内在结构。

现在我们用 CT 技术来扫描木乃伊，这样就能看到木乃伊内部的一些情况，可以帮助我们进一步了解其制作流程。但是简单来讲，大概有几个步骤。或许有人会感觉到一点点可怕，需要做好心理准备。

首先要把尸体的内脏都取出来，分别装到罐子里。内脏上的细菌比较多，不摘除，尸体很快就会腐烂。摘除内脏后，要把身体用各种香料和酒清洗多次，进一步除菌。继而用一种工具从鼻孔里插进去，搅碎大脑，再把脑组织吸出来，然后把身体从内到外进行干燥处理。整个过程唯一留在身体内部的器官是心脏。这一整套流程下来大概需要 50 天。

现在的问题是，为什么古代埃及人要制作木乃伊呢？中国人就不这么做。西方基督教文化背景中的丧葬习俗也通常没有这个仪式。这和他们对死亡的认知和宗教传统有很大的关系。

木乃伊是埃及人生死观的一种表现。他们信仰冥神和太阳神，相信死后重生。重生首先需要有一个好的坟墓，它是死者永恒的生命存在的场所。由此，就不难理解，为什么古埃及有那么多恢宏壮丽的金字塔了。宏大的金字塔实际上就是一个硕大的墓碑，底下放着木乃伊，是法老们重要的陵寝。

重生还有一个必要条件，就是身体的部分不能残缺，否则即不能重生。所以尸体经过处理后，每一个掏出来的内脏都要严格存放在单独的小罐子里，待重生的时候挨个儿放回身体里去。其中心脏最为特殊，是重生仪式里最关键的一环，因此要留在身体里。古代埃及人认为心脏是灵魂的

◆ 埃及的太阳神——拉神

居所，是最为重要的器官。相比较而言，大脑并没有那么重要。木乃伊制作完成并不意味着“重生”的仪式就完成了。除了陵墓的建造、丧葬仪式以及保存遗体的木乃伊之外，埃及人还非常重视宣扬逝者在道德上的高尚性，他们认为只有这样才能保障死者能够真正永生。在古埃及的诗歌里，有这样的文字出现：

“在世上普行善事，你就会为大家所敬爱。人们欢迎圣蛇，唾弃恶蟒。注意不要说刻薄的话，你会为别人所喜爱，你会在神庙中找到一席之地，分享你主上的祭品，你将受到尊崇，你的棺材足以藏身，远离神灵的惩罚。”

关于重生观念，埃及神话中有一段最为精彩的描述。埃及神话中的主要九柱神之一奥西里斯曾被其兄塞特杀害。塞特准备了一个华丽无比的箱子，说谁能进入箱子，箱子就属于谁。旁人去试不是大了就是小了，奥西里斯进去一试刚刚好。

塞特谋害了奥西里斯，随即关上箱子。为了防止他重生，还把尸体切成无数小块，抛散四处。奥西里斯的妻子到处寻找，把身体拼在了一起，用布包起来供人崇拜，这才使得他复活，掌管阴间。奥西里斯周身绿色，这便是重生的颜色。奥西里斯的死亡和复活象征着尼罗河的涨落。尼罗河涨落非常有规律。涨水带来的淤泥成为肥沃的土壤，之后可用来耕种，收成丰盛。因此奥西里斯也常被认为是安静和抱有善意的神。围绕奥西里斯的复活，埃及人发展出一套仪式，持续五天，通过仪式来重现奥西里斯的人生起落。

古埃及文明与古代中国文明相比，早了1000多年。但可惜的是，它和其他两个文明一样都消亡在历史的长河当中。古埃及文明消逝的原因有

◆ 拉美西斯二世神庙内部的象形文字

很多，但一定程度上，古埃及人根深蒂固的来世信仰间接造成了它的悲剧结局。在遭受外族入侵和外来文化渗透的时候，它无法把自己的文化与外来的文化嫁接并借此创造出克服危机的精神家园。

尼罗河西岸落日余晖下，矗立着恢宏肃穆的金字塔，犹如法老们冷峻的目光，注视着人世间沧海桑田的变迁。然而，这只是古埃及文化的一角。作为人类史上古老的文明，它在很多方面具有首创性的成果，依然具有很大的历史价值。从技术层面上来讲，木乃伊开创了最大限度保护人类遗体不致腐坏的先河，为后世的医疗卫生、消毒防疫等领域的进步奠定了良好的基础。而从文化层面上来讲，其蕴含的独特生死观、转世观念等，也在之后的数千年历史当中持续不断地给人类社会带来影响。古埃及人发明的象形文字是后来腓尼基字母的重要来源，对后来的欧洲文化有深刻影响。

（王小伟）

近代国际关系的古代渊源：《银板和约》

前面我们提到流经非洲东北部的尼罗河孕育出了古老而又神秘的埃及文明。在那里 290 万古埃及人过着简单而又安宁的生活。他们沉迷于死后世界，信仰来世，已经有能力建起高达 146 米的胡夫金字塔，这是当时世界上最高的建筑。而接下的故事却打破了这延续千年的平静。

故事开始于公元前 1274 年的 5 月底，距今约 3300 年。埃及，天气已经十分炎热。这时候，埃及法老拉美西斯二世没在自己的国家待着。他去哪儿了呢？

原来，一个月前，这位埃及的统治者就命令大臣带上刚刚收获的粮食，急匆匆地率领大军北上，踏上了亚洲的土地。现在，他和将士们已经挺进到 800 公里之外的叙利亚，距离目标卡迭石城只剩下十几公里。这支大军分为 4 个军团，总兵力可能超过 2 万人。

大军在沙漠里穿行了 40 多天，一路上烈日暴晒，已经出现大面积的非战斗减员。但是年轻、自信的法老拉美西斯，不仅没有放缓前进的脚步，反而亲自率领一个 5000 人的精锐军团，甩开大部队，一马当先地冲在了队伍的最前面。

原来，就在一天前，拉美西斯的侦察兵遇到了两个在附近放牧的阿拉伯人。这两个阿拉伯牧民牵着他们的单峰骆驼，被带到了拉美西斯的面前。他们第一次遇到这样的大场面，在威严的法老面前，害怕得说不出话来。大臣们想出各种办法，终于从他们口里盘问出了一些重要消息。

◆ 拉美西斯二世雕像上半身

埃及人这次面临的对手，是他们已经较量了几个世纪的宿敌——赫梯人。与擅长农耕的埃及人不同，赫梯人是生活在山间和草原上的牧民，他们的家乡是小亚细亚，也就是今天的土耳其一带。公元前 16 世纪以后，赫梯人从北向南扩张，灭亡了占领两河流域的古巴比伦王国，统治了西亚，埃及人则从南向北扩张，成为北非和今天以色列、巴勒斯坦一带的霸主。就这样，两个庞大的帝国在今天的叙利亚形成了对峙。

几百年来，双方不断交锋，互有胜负。为了征服对方，埃及和赫梯还展开了一场“远古”军备竞赛，他们接连为步兵配备了刚刚发明不久的战车，每辆车由两匹披上铠甲的战马拉载，车上有两到三名士兵，其中一个人专心驾车，一个人弯弓射箭，远距离杀伤敌人。有时还有第三个人拿着刀剑、盾牌，负责近距离格斗。

这种战车就好比古代版的坦克，在步兵的配合下，所向披靡。掌握了先进武器的埃及和赫梯，分别征服了南方和北方的众多民族，然而，在面对彼此时，它们却难以分出高下。

拉美西斯急于拿下的目标是卡迭石，这座要塞位于今天的叙利亚境内，多年以来，一直是埃及和赫梯争夺的焦点。那两个阿拉伯人透露了关键的信息。“我看见，我看见赫梯人的主力部队这回慢了一步，有一些牧民看见，他们的战车才刚刚抵达卡迭石以北 100 多公里外的阿勒颇！我就知道这么多了，求您饶我一命吧！”

此刻，拉美西斯产生了坚定的念头。“我们要立刻出发，夺取卡迭石，比赫梯人抢先一步！”为此，他不惜孤军深入，把其他军团越甩越远。卡迭石已经近在咫尺，历代法老击败赫梯帝国、征服西亚的遗愿，就要由拉美西斯来实现了！不料，就在此时，士兵又抓获了两名赫梯军队的探子。一开始，两名赫梯人支支吾吾不肯交代，“我们会忠于国家，不会把信息透露给敌人的！”于是拉美西斯放出了自己的宠物——对，一头凶猛的非洲雄狮。拉美西斯酷爱狮子，他的兵团里甚至有一支由狮子组成的编队。而有关埃及人对狮子的崇拜，看看著名的狮身人面像就知道了。面对狮子，探子交代了实情。“我们说！我们说！我们把一切都告诉您！”

探子的供述让拉美西斯顿时惊出一身冷汗。没想到，他们之前遇到的阿拉伯牧民，竟然是赫梯人的间谍，赫梯大军早已占领了卡迭石，正等待埃及人自投罗网。中了计的拉美西斯，仿佛是尼罗河里长着利齿的尖嘴鲈鱼，表面上不可一世，却已经咬中了鱼钩。

拉美西斯还没有来得及下令退兵，埋伏的赫梯人已经主动发起了攻击。他们的先头部队绕向南方，拦腰截断了落在后面的其他埃及军团，接着便向北进发，配合从卡迭石城内杀出来的赫梯步兵，把城下的拉美西斯军团围了起来。眼看禁卫军战士要么倒下，要么叛变，拉美西斯已经来到生命中最危险的时刻。他放出了自己的雄狮军团，这收到了一些效果，吓

◆ 卡迭石战役

退了赫梯人的不少战马。

与此同时，人性的弱点似乎也帮了拉美西斯一把。突入拉美西斯营地的赫梯士兵，开始贪婪地掠夺埃及人散落的财物，放慢了攻击拉美西斯的势头。但是，真正拯救了拉美西斯的，是他在此之前做出的一个偶然决定。

在北上叙利亚的过程中，拉美西斯让三个军团跟随他从正面突破，余下的一个军团则沿着地中海沿岸，从西路进军，他的本意，是想让这个军团翻越黎巴嫩山，出其不意地出现在卡迭石城的后方，从而与其他三个军团一道，形成对卡迭石的合围。这支部队走的是一条偏僻的道路，因此躲过了赫梯人的侦察。就在拉美西斯眼看性命不保的危急关头，他们突然出现在了战场后方，反而打了赫梯人一个措手不及。

慌乱之下，双方各自退向战场一边，重整旗鼓。被截断的其他两个埃及军团也很快到达，这样一来，赫梯人出奇制胜的策略就落空了，双方展开了一场面对面的决战。

在中国的春秋时代，拥有 1000 辆以上战车是大国的地位象征，被尊称为“千乘之国”。卡迭石战役就是这样一场由两个超级大国参与的决战，双方当天在战场上投入了 4000 多辆战车，成千上万的战士长眠在了叙利亚的土地上。战争临近尾声时，埃及人成功地把一部分赫梯军队逼到河边，许多赫梯将士来不及脱下沉重的盔甲，就跳入河中逃生，最后淹死在河里，剩下的赫梯人连忙退入卡迭石城内，拒绝再战。不过，埃及人因伤亡过大，最终也没能攻破卡迭石要塞，一场声势浩大的远征只好到此为止了。

这场大战是截至当时，人类历史上规模最大的战役之一。西亚、北非的两个霸主倾尽全力，最后只落得两败俱伤。

卡迭石战役结束后，双方又打了长达十五六年的小规模拉锯战，依然不分胜负。公元前1259年，筋疲力尽的埃及和赫梯，终于决定结束数百年来的对抗。赫梯国王先派出使节，把刻在一块银板上的和议草案送到埃及，拉美西斯二世对草案做出修改，又把银板送回赫梯，两国间旷日持久的争霸战争这才落下了帷幕。

◆《银板和约》

因为是刻在银板上，这份和约也被历史学家称为《银板和约》，它是世界上现存的最早的国家之间的条约。《银板和约》的内容主要有三个方面：

第一，关于和约签订的目的。条文中写道："这份条约能为赫梯与埃及带来永远的和平与友谊。"

第二，双方的权利和义务。主要包括两国建立攻守一致的军事同盟关系，并且引渡对方在本国的逃犯。

第三，用神的信仰对双方的诚信加以约束。条文规定，"如果有人不能遵守，百千赫梯神灵和百千埃及神灵就会拆毁他的房子，毁灭他的土地和仆人"。

1828年，考古学家在埃及发现了《银板和约》的埃及版本。神奇的是，1906年，考古学家竟然在土耳其发现了《银板和约》的赫梯版本，从而印证了3000多年间，各类文献史料对于这场往事的记载。

从条约本身来看，由于一场没能分出胜负的战争而签订的条约，开创

◆ 拉美西斯二世神殿

了历史上国家之间一种新的相处模式。从古代近东地区的格局来看，《银板和约》主张和平共处与互惠互利的理念，在相当程度上缓解了地区动荡的形势。条约中提出的引渡对方逃犯的做法，为后世解决相应的国际纠纷提供了一个有效的思路。《银板和约》在国际外交的很多方面都具有很强的首创性。上千年之后，由近代欧洲发生发展的国际关系理论与实践，无不显现着《银板和约》的影子。

从战争本身来看，卡迭石战役是世界上最早有文字详细记载的战役。它还是目前已知的战争史上最早使用战车的，相比之下，两个世纪之后，整军经武多年的周人在周武王率领下，发动了气势磅礴的灭亡商朝的战争，只不过出动战车300乘和甲士3000人，更像是一次毫无亮点的昨日之战。

虽然《银板和约》在历史上意义重大，但是它实际上见证了埃及和赫梯最后的辉煌。很快，本来就已元气大伤的两国，都将因为所谓“海上民族”的入侵而陷入动荡。这个神秘的“海上民族”是谁，历史学界至今仍然存在争议。来自地中海上的他们，可能因为广泛采用了铁器，从而具有了生产力和战斗力上的巨大优势，以致有办法在短短的时间里，造成埃及、赫梯、希腊的同时衰落。不久，赫梯帝国亡于一个新兴的西亚强国亚述帝国之手，而埃及也将在奴隶起义的战火中改朝换代。

君主们用战争扩大疆域，用战争征服文明，用战争改写历史，同时也加速了文明的消逝。不管是我们讲到的古埃及文明还是之后我们要讲到的古希腊、古罗马、古印度文明，都将湮没在帝国无休止的战争中。

（杨盛翔）

尼布甲尼撒二世的血色浪漫

地中海东边的又一重要文明发源地——两河流域，它有着得天独厚的地理优势，被称为三洲五海之地（位于亚、非、欧三大洲交界地带，在阿拉伯海、红海、地中海、黑海和里海之间），是世界最早的农业发源地之一。到了近现代更是发现大量石油，一跃成为世界最大石油出口地区。

这片土地上孕育的巴比伦文明的辉煌铭刻在了两河流域人民的基因里，甚至还把两个男人联系到了一起。他们是谁呢？

一个是原伊拉克总统萨达姆，曾经雄心壮志，想统一阿拉伯世界，复兴古代两河流域霸主古巴比伦王国的伟大基业；另一个是新巴比伦国王尼布甲尼撒二世。

有人或许会问："什么，他们相隔2500年都不止，有啥联系？"

萨达姆非常迷恋巴比伦文明，并且视尼布甲尼撒二世为偶像。如果你了解尼布甲尼撒二世，你也许会觉得这狂妄的梦想再正常不过了。巴比伦国王尼布甲尼撒二世，准确地说，是新巴比伦国王。

◆ 伊拉克古巴比伦废墟

难道，历史上有不止一个巴比伦王国吗？正是如此。你是否还记得周杰伦的热门歌曲《爱在西元前》里面有这么一句："古巴比伦王颁布了《汉谟拉比法典》。"周杰伦歌词里的"古巴比伦王"，指的就是汉谟拉比，他统治的国家，就是著名的古巴比伦王国。

古巴比伦王国灭亡后，过了差不多1000年，在巴比伦城又出现了一个新的王国。为了把这个国家与1000年前同样在此定都的古巴比伦王国区分开来，历史学家把该国称为新巴比伦王国。所以，下回朋友聊到巴比伦王国时，你要注意了，此时可以意味深长地作沉思状："哦，巴比伦王国……你说的是古巴比伦，还是新巴比伦？"想必一句话就会打败百分之九十的朋友。

就像古巴比伦王国曾涌现出名垂青史的汉谟拉比一样，新巴比伦王国也出现了一位著名的国王，他就是那位主持建造了空中花园的尼布甲尼撒二世。

什么，觉得这个名字怪僻，记不住？这也不能完全怪你，因为这个名字，来自华语世界最常用的《圣经》版本——和合本。要知道，“和合本”是在清朝末年，主要由外国传教士翻译成白话文的，所以有一股“歪果仁”写中文的奇特味道。

可是，尼布甲尼撒这个两河流域的国王，怎么会出现在犹太人的《圣经》里头呢？这就要提到《圣经》的由来。简单地说，《圣经》分为《旧约》和《新约》。《新约》的主要内容，是公元1世纪以后，耶稣和他的门徒创立的教义。而《旧约》则是此前的1000年间，古代犹太历史文献的合集。在一定程度上，有一点像我们中国古代的《尚书》。而且，《旧约》不光记载了犹太人自己的历史，也记载了周边许多古国的历史，在古代文献大多已然散佚的今天，保存相对完好的《圣经·旧约》，就成了了解这些古国的重要史料。

话说公元前10世纪末，犹太历史上最有名的国王所罗门王驾崩，犹太人统一的国家以色列联合王国从此分崩离析，分成了北方的以色列国和南方的犹太国。两个国家都很弱小，公元前722年，北方的以色列国先亡国了。剩下南方的犹太国，在大国的夹缝中求生，逢人就俯首称臣，反而又延续了百余年。可是，到了公元前586年，犹太国还是得罪了隔壁王国的国王尼布甲尼撒二世。

公元前605年至公元前562年，尼布甲尼撒二世在位。这段时间里，新巴比伦王国的国力达到了极盛，他本人四处征伐，志在统一整个两河流域。犹太国只是两河流域随处可见的小国之一，根本无力阻拦滚滚而来的巴比伦战车。

◆ 尼布甲尼撒进攻耶路撒冷

公元前 586 年，尼布甲尼撒派出大军，一举攻破犹太国的首都耶路撒冷，不但将这座古城夷为平地，还把城内的男女老少一锅端，全部抓回巴比伦城做了奴隶，这就有了著名的历史事件——“巴比伦之囚”。

苦难是宗教的温床。在巴比伦做奴隶的这段时间，就是犹太教加速发展的关键时期。犹太人在巴比伦被囚期间，完成了《旧约》中最著名的《摩西五经》的编纂，许多流传至今的犹太教仪礼，也是在这期间确定下来的。犹太人写《旧约》时，自然而然地用了大量篇幅，来记录这段苦日子，来说说尼布甲尼撒二世。

尼布甲尼撒二世去世后不久，新巴比伦王国就被另一个新兴民族建立的波斯帝国给灭了，犹太人也被波斯帝国的居鲁士大帝放回了耶路撒冷。可是由于犹太教的影响，以及脱胎于犹太教的新宗教基督教的传播，2000多年来，尼布甲尼撒二世的恶名一直在西方不断流传。历史给我们的教训

◆ 犹太教《以西结书》中的插图

就是再牛也别得罪有文化的人啊，小本本上给你记点什么，让对方千年之后都受不了。

不过，尼布甲尼撒二世在历史上的形象也是矛盾的。一方面，他是邪恶的大反派，亲手制造了“巴比伦之囚”事件；另一方面，他又是一位痴心的情郎，这种形象是由古代文人对空中花园的浪漫描写奠定的。

公元前 6 世纪，戎马半生的尼布甲尼撒二世，在离今天的伊拉克首都巴格达不远的地方，当了一回文艺青年，主持建造了“世界古代七大奇迹”之一的空中花园。如果古希腊人的记载属实的话，当时，尼布甲尼撒二世刚刚迎娶了一位来自米底（今伊朗境内）的公主，对这位美人一往情深。可是想不到，没过多久，公主便开始像周幽王的宠妃褒姒一样，暗地里抹泪儿。再后来，公主终于跟国王掏了心窝子：咱家在那伊朗高原上，那里的山路十八弯，山丹丹花开红艳艳，而这儿是一眼望不到头的巴比伦平原，连个小山坡都看不到，我是多么巴望着能再回到咱们那旮旯的山沟沟和盘山小道啊！

听了这话，尼布甲尼撒才知道，公主是犯了乡思病。好在富有放纵了他的想象力，他命令工匠仿照米底山沟沟的风光，在巴比伦城建造了一座直上云霄的立体花园。据说，上面花团锦簇，曲径通幽，青草丛中更是流出一眼清泉，飞流直下，形成了一条瀑布。由于花园比城墙高出许多，远远看去，宛如悬挂在空中一般，因此得名空中花园。

当年的巴比伦城，是欧亚大陆的交通枢纽，经商的、旅行的、求学的、朝拜的人们路过这里，大老远就能看到这座飘浮在云彩之上的人间仙境。就这样，尼布甲尼撒也像我国西周时期的周幽王一样，费劲气力，终于博得爱妃一笑。同时，也将新巴比伦王国的建筑技艺和盛世繁华，定格在历史长河中。

20 世纪下半叶，强人萨达姆登上了伊拉克的权力宝座。此时的伊拉克，是一个既古老又年轻的国度。说它古老，是因为这片土地是两河文明的发源地，地下埋葬着古巴比伦王国和新巴比伦王国，这些考古遗产是人类最早迈入文明时代的见证；说它年轻，则是因为作为现代国家的伊拉克，距离一战后从奥斯曼帝国的版图中分离出来，不过一个世纪而已。不仅如此，伊拉克国内一向矛盾丛生。

民族方面，阿拉伯人、库尔德人争斗不休；宗教方面，什叶派、逊尼派互不相让。面对不同的民族、宗教派系，从古老的历史中，寻找凝聚国

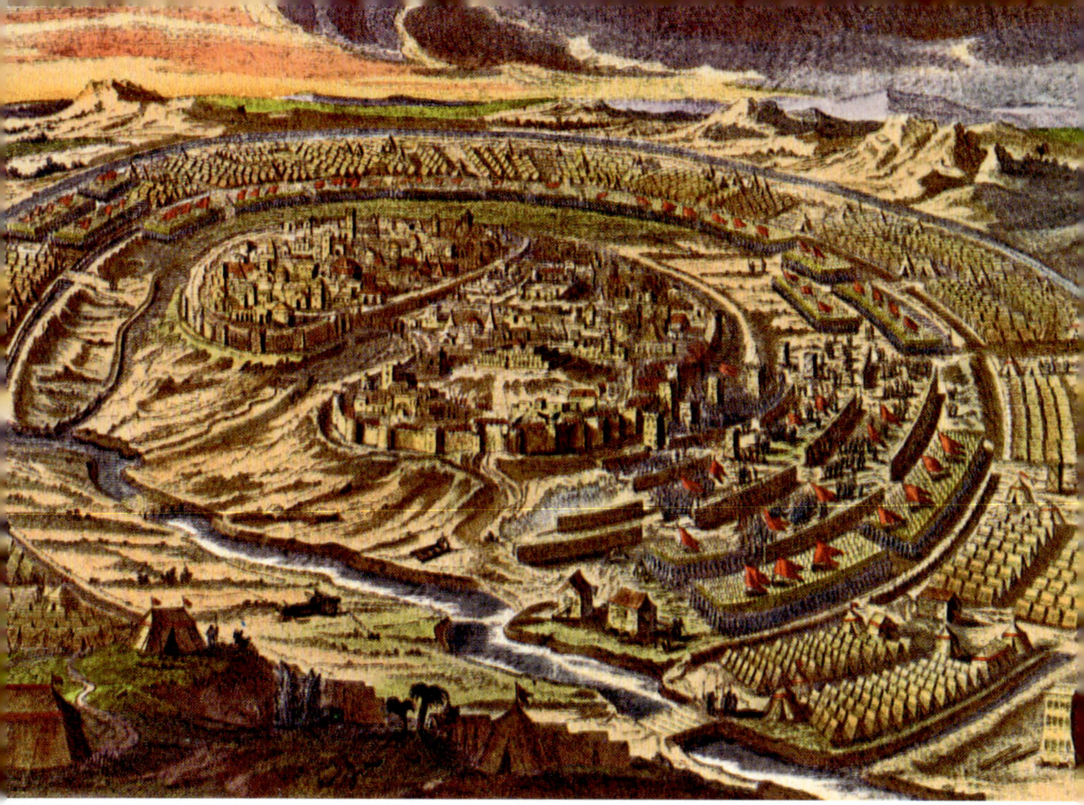

◆ 尼布甲尼撒统治时期的耶路撒冷

民的文化认同，就成了统治者的当务之急。

萨达姆就是抱着这样的目的，把目光转向了空中花园，转向了尼布甲尼撒二世。他要做新的“巴比伦之王”！他在空中花园的遗址上，为自己修造豪宅，还重建了尼布甲尼撒二世的宫殿；在一幅伊拉克的宣传画上，萨达姆与尼布甲尼撒像老战友一样，手握着手，目光对视，在另一幅宣传画上，萨达姆还坐上了尼布甲尼撒时期的巴比伦战车，指挥天上的飞机、海中的舰船，与敌人勇敢战斗……总之，他试图说服各方势力放下争议，忘记自己的独特身份，找回同属于所有人的历史归属感，做一个光荣的“巴比伦人”。

就这样，尼布甲尼撒二世的文治武功，在被两河流域的黄沙掩埋了2000多年后，再度成为人们关注的焦点。可惜，无论是尼布甲尼撒的巴比伦，还是萨达姆的伊拉克，都已在战争中毁灭。而回到当时的中国，只比尼布甲尼撒的时代略晚一点的孙武，早已在《孙子兵法》中指出：“兵者，凶器也。”意思是，战争是凶器，不可贸然发动，这也的确应该是战争的最高准则。还是珍惜我们现在的和平吧！

（杨盛翔）

文明的故事

希腊文明的碰撞

THE STORY of CIVILIZATION

特洛伊之战：这难道是因一个女人而起的战争

《荷马史诗》对于西方世界有着重要影响。如果说希腊是整个西方文明重要的根基之一，那么《荷马史诗》描述的是整个希腊的总体背景，无论后来的历史、哲学、艺术、文学，无不深受《荷马史诗》的影响。而我们在读《荷马史诗》的时候，除了以文学视角看待所讲述的故事，还应该细心去发掘《荷马史诗》里影响西方历史甚至影响现代世界的影子。

《荷马史诗》的重头戏就是特洛伊战争。这次战争发生在公元前 12 世纪初，大约是中国的商朝时期。参战双方是希腊城邦联军与特洛伊城军队，这是希腊历史上第一次大规模的海上远征，一场跨越爱琴海历时十年的战争。

根据《伊利亚特》记载，战争的起因是为一位美女，这也是一个“冲冠一怒为红颜”的故事。据说参加战争的有 1200 艘舰船，浩浩荡荡地平铺在海面上。那么，这场载入史诗的大战究竟是怎样发生的呢？

让我们把时间调回到 3000 多年前的一个清晨。特洛伊城头站着一位金发碧眼的美女，她的头发像丝缎一样柔和，眼睛仿佛天上的星星，充满光芒，这不就是世界上最美丽的女人海伦吗？

海伦之前嫁给了斯巴达国王墨涅拉奥斯。对，就是那个有三百勇士大战温泉关的斯巴达。国王名字太复杂了，以后我们就叫他老墨吧。海伦太美丽了，所有男人都会被她的美貌吸引。特洛伊王子帕里斯（且称为小帕）是一个风流倜傥的浪子，他到斯巴达做客，在宴会上一看到海伦，就深深地爱上了这位绝代佳人："您好，王妃。您真是全世界最美的女人。"

而海伦也被王子的外表和才华所吸引。"我也很高兴能与您相识，王子殿下。"一来二去，两人便有了私情。趁老墨外出之时，小帕王子带着海伦私奔回了特洛伊。这一下子可惹火了勇猛好战的斯巴达人，他们感到了莫大的耻辱。

老墨可不是孤家寡人，人家有强大的后台，这是个有大哥的小弟，迈锡尼国王阿伽门农就是他大哥。大哥为了小弟的老婆和面子，必须帮这个忙。"可恶的特洛伊人，欺人太甚，我们一定要给他们一个教训！"因此，斯巴达和迈锡尼王国就联合希腊其他城邦的国王，组成了一支庞大的船队，准备横跨爱琴海，向特洛伊发起进攻。

◆ 特洛伊古城的废墟遗址

在出发之前，英雄们在岸边献祭，忽然间祭坛下爬出了一条血红色的怪蛇，它弯曲成环状爬上了树，到树的最高处吃了一只雌鸟和八只雏鸟，然后变成了一块石头。众人都不知道是什么意思，预言家对大家说道："英雄们

◆ 特洛伊之战

要围城九年，在第十年才能攻下特洛伊城。”祭祀完后，士兵们就向着小亚细亚出发了。

特洛伊经常受到侵略者的攻击，因而历代国王都将城池建造得十分坚固。城中士兵们也精通守城战术。因此，虽然希腊联军人数众多，却始终无法一举攻破特洛伊城。

你看，军队里有个很帅气的男子抱着一个死去的人在哭泣。哦，那一定是勇士阿喀琉斯，死去的是他最好的朋友。

这一幕就是著名的神话故事“阿喀琉斯的愤怒”。“任性”的阿喀琉斯意识到个人的恩怨会导致整个军队的覆灭。于是他和阿伽门农和解，重新

◆ 特洛伊木马版画

回到战场为好友报仇。阿喀琉斯杀死了特洛伊王子赫克托耳，但后来自己又被帕里斯射中脚踵而死去。

两军相持不下，战争进入第十年。这时希腊联军最足智多谋的伊塔卡岛国王奥德修斯献上了计策："我们可以打造一只巨大的木马，并且绘上各种祭祀的图案，木马内藏入五十名最优秀的勇敢武士，我们假装失败撤走，只留下木马。等特洛伊人将木马运回城内，我们的武士们就从内部打开特洛伊的城门，与外面的战士里应外合，一口气消灭他们！"

希腊联军采纳了这个方案。奥德修斯带领五十名武士藏在木马里面。一切按照计划进行，希腊联军假装失败逃走。特洛伊人看到希腊联军撤退，出城查看，发现了木马下面藏了一个希腊人。这个希腊人装出恐惧的样子，哭泣着说："大人！救救我吧！希腊人都不愿打下去。临行前怕雅典娜怪罪，就制造了这匹木马作为献礼，并用我的血作献祭。幸亏我挣断绳索逃跑了，直到希腊军队撤退我才出来。”

“希腊军队已经全部撤离了！我们胜利了！”特洛伊人欢腾了，兴奋地把木马运到城内。为了把木马运进城里，特洛伊人还把城墙开了个口子。特洛伊人围着它载歌载舞，庆祝对峙十年的敌人终于逃走了！

夜里，特洛伊城欢庆的人们恢复了安静。士兵们酩酊大醉。希腊人偷偷爬上了城墙，点着火把，告知希腊联军返航。他又把木马打开，放出了里面的武士。

“勇士们！出来吧！决战的时刻到了！”他们共同将城门打开，希腊联军里应外合，涌进城中。睡梦中的特洛伊人被惊醒了，他们在慌乱中迎战希腊军队，根本无力抵抗。特洛伊城消失在一片火海之中。而希腊人则获得了大量的财富和奴隶，满载而归。而我们的大美女海伦呢，有些人认为她被抢了回去，有些人认为她死去了，她的归宿和她的美丽一样成了历史之谜。

特洛伊木马的故事是《荷马史诗》中最精彩的篇章，流传千余年不朽，构成了西方文学的重要底色。

但是真的有这样的事情发生吗？甚至人们怀疑特洛伊城是否真的存在过。直到在 19 世纪末，有个考古爱好者（可不是盗墓贼啊）施里曼，他是特洛伊战争的迷弟，坚持认为特洛伊不是传说，经过四处寻找艰苦挖掘，真让他给挖出来一段特洛伊的城墙。后来的考古学家继续挖掘，终于挖掘出和《荷马史诗》描述极为相似的遗址，特洛伊的宏大得以呈现在世人面前。

特洛伊是真实存在的，那这么多将士十年的征战就是为了海伦吗？对于特洛伊战争爆发的真实原因，历史学界历来是有争议的。大致有以下几

◆ 特洛伊木马复制品

种观点。

第一种说法，特洛伊战争是为了商业竞争。特洛伊的位置特殊，处于地中海和黑海的交界处，控制了特洛伊就控制了这个区域的海上贸易，以商业贸易立国的希腊人为此发动了战争。

第二种说法，特洛伊战争是为了争夺霸权。希腊联邦与特洛伊是当时爱琴海地区的最强的两股势力。当它们发展到一定程度的时候，碰撞冲突就在所难免，所以爆发了这场战争。

第三种说法，特洛伊战争是为了转嫁危机。希腊各邦内部政治秩序并不稳定，不同的小国经常发生争夺王权的变乱。发动特洛伊战争是希腊人转移注意力将矛盾引向外部的行为。

第四种说法，就是知名度最高流传最广的一种说法了。希腊人为了复仇，把被特洛伊王子帕里斯抢走的王后海伦夺回来而发动了战争，和《荷马史诗》所说的原因相同。

这几种解释都各有各的合理性。但是由于特洛伊战争的年代实在过于久远，考古发掘的材料有限。而支撑各派观点的传世文献又往往有互相矛盾的地方，所以直到今天，特洛伊战争爆发的原因仍然没有定论。但是，无论其原因如何，希腊联军攻陷了特洛伊城，并且毁灭了特洛伊文明，是不争的事实。

特洛伊作为古典时期的一个独特文明，因为地理位置原因，具有兼容亚洲与欧洲二重性的突出特点。它因被希腊灭国而中断了文明进程，对这一地区的文明演进走向产生至关重要的影响。

漫长的人类发展史上曾经存在过许多不同的文明，许多在经历了战争之后都不复存在。在它们的残垣断壁上，新的文明将会融合生长出来。而此刻辉煌的古希腊文明，也将在千年以后，被罗马人以战争的形式吞并同化而互相融合。

更有趣的是古罗马，它的开国也与特洛伊战争有关。罗马人的祖先埃涅阿斯其实就是特洛伊王子这边的强将，罗马文学顶峰之作维吉尔的《埃涅阿斯纪》说的就是他。埃涅阿斯是安基塞斯王子与爱神阿佛罗狄忒的儿子，具有半人半神的特质。特洛伊之战失败以后，埃涅阿斯就跟一帮人逃走了，经过了十分坎坷的逃亡路到了现今的意大利，娶了一位公主，变成了罗马人的祖先。

如果这个传说是真的，那某种意义上说，战争有的时候是一种文明毁灭的根源，但有的时候也未尝不是新的文明的开始。

（胡晔）

征途前方是星辰大海：海外殖民与古希腊繁荣

大约 2700 年前的一个夏天，希腊的城邦米利都正在陷入数十年少见的干旱。这个时候，中国的春秋时代才刚刚开始。

这座位于今天土耳其西南部的海港城市，向来以气候温和、适宜农业种植闻名，是附近的大粮仓。可在少见的大旱之下，它也丧失了以往的活力。绿油油的农田了无生机，浅黄的大地龟裂出无数道口子，仿佛向上天控诉如此残酷与不公。

奥德修斯正坐在农田边发呆，他家几代以前就定居在米利都，都是老实本分的农民。他怎么也想不通，自己既没有做过什么亏心事，也没有违背神灵的教诲，为什么遭遇这样的劫难。这样下去，秋天可能颗粒无收。粮食储备只够支撑到秋天，到了那个时候，就算是有来自希腊本土的粮食被运来，恐怕也是远水解不了近渴，米利都和周围的城镇都将陷入饥荒。

在古希腊文明的早期，因为天灾人祸，狭小有限的城邦领土无法养活当地的居民，饿死人的情况并不罕见。

正在奥德修斯（且称为小奥）黯然神伤的时候，他的哥哥普利阿莫斯（且称为大普），走了过来，拍了拍他的肩膀说：“起来啦，小奥，我们该去城里了。”

他们一家是城邦的公民，有投票和议事的权利，必须出席城邦中全体公民都要参与的公民大会。这次会议想必是要讨论有关饥荒的议题。

举行公民大会的地点是位于城市正中的议事厅，用今天的眼光来看，这就是一个缩小版的雅典娜神庙。也难怪，几乎所有的古希腊建筑物都是类似的风格——高耸的白色石柱，顶端的海草纹饰，绘制有精美壁画的外墙面，以及犹如一本倒扣过来的书一样的屋顶。奥德修斯兄弟俩并没有什么闲情逸致欣赏议事厅的雄伟壮丽，他们径直走进去，议事厅内部像体育场看台一样自上到下呈环形分布着一圈圈石阶作为椅子，他们找了个僻静的地方坐了下来。

会议的时间到了，一位身穿白袍、头戴桂冠的老人缓缓走到了议事厅中央，这是米利都公民选举出的执政官。他用颤颤巍巍的声音说道：

“公民们，我想不用多说，你们也知道城邦目前正面临着严重的危机。解决方案有两个：一个是向雅典和其他城市购买粮食，但是据我所知，他们那里也处于干旱之中，情况不比我们好到哪里去；再一个，就是一部分人向北边的大海出发，去那边的大陆开辟新的定居点。”

听到这里，大厅里立即喧闹了起来，人们七嘴八舌地议论起来。

“大家静一静！老规矩，我们用投票的方式解决这个问题吧！”说完，执政官招呼人拿来了两个陶罐。“如果大家同意向雅典购买粮食，那么就请拿起一块陶片投入我左手边的罐子里；如果同意开辟新的定居点，就投入右边的罐子吧！”

米利都是一个拥有三万人的城市，其中具有投票权的公民只有三千人。奥德修斯兄弟两人商量好了之后，向代表购买粮食的陶罐中投了两

◆ 米利都遗址

◆ 奥德修斯塑像

票。投票的结果不会当场公布，因此第二天兄弟俩再一次来到城里看结果。令他们感到失望的是，开辟新定居点的选择以微弱的优势胜出了，很多人明白，单纯依靠从其他城市购买粮食是无法从根本上解决饥荒的。而选择前往海外开辟新定居点，就意味必须有人前往北方的海域——黑海。

在当时希腊人的世界观中，黑海是仅次于地中海的第二大海。柏拉图就认为，世界的最西端是被称为“赫拉克勒斯之柱”的直布罗陀，最东端就是黑海的帕西斯河口。航行到这里，就等于航行到当时本地人已知世界的边缘了。

执政官规定，前往黑海沿岸开辟新定居点的人由抽签选出，但是，如果一户有兄弟二人的话，就必须从中选出一人。这对于小奥一家人来说无异于晴天霹雳，但公民投票通过的决定就是法律，他们只能接受。

几天后，在米利都的港口，一艘桨帆货船正在为出航做最后的准备。码头一旁，人们正在依依不舍地向即将远航的亲友们道别，小奥一家人也在其中。大普与小奥用力地握了握手：“兄弟，一路平安！我们等着你们的好消息！这是妈妈送给你的护身符，拿着吧。”

说完，大普从口袋中拿出了一条银质的项链，上边挂着海神波塞冬的小神像。奥德修斯默默接过了护身符，走上了帆船，踏上了前往未知远方的旅程。

事实上，这样的场景在这此后的两三百年时间里不时发生在希腊的各

◆ 奥德修斯的船、桨和卷帆

个城邦。我们前面讲到了农业的发展以及所产生的农耕文明，古埃及文明和古代中国文明就是典型的农耕文明，而除了农耕文明之外，还有一种文明叫作海洋文明，更确切地说是“海盗文明”。它的代表有北欧文明和古希腊文明。

虽然今天的希腊半岛在世人眼中有着特别的意义，但实际上它是一片贫瘠之地。少得可怜的物产，令半岛上的人们很难通过农牧业或贸易等方式来积累财富。这种环境逼迫古希腊人登上船只，向大海进发，寻找属于他们的宝藏。

甚至在《荷马史诗》中，都充斥着有关海盗的故事，我们熟知的古希腊英雄们其实也都有着不短的海盗生涯。例如古希腊英雄奥德修斯在特洛伊战争之前，就曾有过 9 次乘船劫掠其他部族的经历。他的发家史就是海盗史。

除了奥德修斯，著名的阿喀琉斯其实也是一名大海盗，他率领他的舰队出海掠夺，获取了巨额的财富。但与维京海盗单纯抢夺财富不同，古希腊人更多的是建立定居点进行殖民。他们将本土的居民迁移到海外，建立新家园，以解决当时本土城邦的人口与资源匮乏的矛盾。那个时候，希腊人纷纷扬帆起航，在地中海和黑海海域星罗棋布地分布着 139 个希腊人建立的殖民点，这些殖民点都与自己的母邦有着不同形式的隶属关系。而小奥他们前往的黑海地区，后来成了希腊新的大粮仓。每年，希腊各个城邦都会从黑海的殖民地获得大量谷物、木材、牲畜、琥珀和奴隶，对希腊城邦的发展起到了至关重要的作用。

虽然古希腊早期的殖民扩张行为过于野蛮，但也得承认它在很大程度上带动了殖民点的文明演进。例如后来成为东罗马帝国首都的拜占庭（今土耳其伊斯坦布尔），早期就是希腊人的殖民点。直到今天，伊斯坦布尔

◆ 奥德修斯回家与奶妈相认

仍然是土耳其最大的城市。

在殖民活动中，希腊各城邦除了建立定居点以外，还建立了众多商站。希腊商业贸易发达，希腊人自古善于航海，早在荷马时代就已经建立了成熟的海上商业网络。商站的分布范围与殖民地大致相同，有的甚至更广。例如，希腊人就曾经在埃及法老的特许下，在尼罗河口建立了一个带有商站性质的殖民地瑙克拉提斯。希腊的商人从希腊本土出口橄榄油、葡萄酒、陶器和金属器等物品，换取各个殖民地的粮食以及金属原料。此外，还与周围的波斯、斯基泰、腓尼基等国家和地区建立了贸易联系，这一切都有力地促进了各地经济的发展。

也许很多时候，所谓的文明，就是从野蛮当中脱胎而来的。与海外劫掠活动相伴相生的殖民活动虽然有其不光彩的一面，却实实在在地促成了古希腊文明的演进与传播。海外领地拓展使得城邦的人口压力缓解，小国寡民的局面得以维持下去，古希腊文明保持了其原有的特色，没有变成中央集权的大帝国。与此同时，从事商业贸易、手工业制造的奴隶主阶层经济实力迅速增长，有利于古希腊民主政治的发展。而古希腊这种小国寡民民主政治的发展道路，继而成为后世西欧发展的渊源之一。

（韩毅）

从马拉松到温泉关：没有赢家的希波战争

荷马时代是古希腊文明 2.0 版——迈锡尼文明，接下来着重讲讲古希腊文明最辉煌也是大家最熟知的 3.0 版——古风时代和古典时代。这个时候的古希腊是何等风光，民主政治、哲学戏剧、商业贸易都呈现出一片欣欣向荣的景象。

对于古希腊历史，如果你觉得记它各种时代分期比较麻烦，那还可以更简单，只要记这三个事件：特洛伊战争、希波战争和伯罗奔尼撒战争。这三场战争贯穿了整个古希腊文明，可见灿烂的古希腊文明其实也是历经磨难，它最终也没能躲过战争的破坏而毁于一旦。本章就带大家一起来好好围观一下这历史上赫赫有名的希波战争。

战争的主要战场在公元前 490 年到前 450 年的希腊。这个年代是什么概念呢？学历史啊，一定要有全球视角。我们来看看当时世界人民都在做什么。

罗马：还在蓄力阶段，再过一段时间才能放大招。

中国：正处于东周列国诸侯群雄争霸。

埃及：已经有了三千多年的历史，正在被波斯蹂躏。

波斯：第一个地跨欧亚非三大洲的大帝国，霸气十足。

印度：被波斯咬掉一大块，乱成一锅粥，统一印度的孔雀王朝还没出现，佛教刚刚诞生。

怎么哪儿都有波斯的身影？

我们再来看看这场战役的参战主力。

波斯帝国：又是它。波斯一般被认为是现在伊朗的前身，这个帝国放在现在就是一个励志的典型，它开始只是一个小部落，一路厮杀，几十年间摇身一变成了世界第一个横跨欧亚非三大洲的大帝国。

希腊联军：两大团伙，分别是以雅典为主的高富帅组和以斯巴达为首的肌肉猛男组。

一个是一路杀掠开疆拓土的大帝国，一个是坐拥巨大财富的希腊半岛，不管是利益冲突还是野心使然，两股力量势必会触碰。此时的波斯国王大流士满怀豪情壮志，正想着能踏平希腊，将其财富占为己有。

传言中他的习惯就是把重要的事情说三遍。

“我们要扩张！扩张！再扩张！”

可是凡事总要有个缘由，就算你波斯想扩张想挑起战争，也总要找个好的理由。在这之前，其实波斯已经占领了很多希腊城邦，但这些希腊城邦受到的对待总是和波斯本土不一样，明显低人一等。哪里有压迫哪里就有反抗，最终，米利都城邦人民受不了了，揭竿而起反抗波斯人的统治。

面对米利都的起义，老家人雅典自然全力支持。早就看雅典不爽的大流士也终于找到了机会，在镇压米利都起义之后，以打倒幕后黑手的理由顺理成章地攻打雅典，希波战争爆发了。虽然在那个历史时期，各个文明还没有形成现代意义上的民族国家，互相征战也很常见。但是具体到这场战争来说，大部分历史学家认为这是一场波斯人发起的侵略战争。

◆ 反映战争场面的陶瓶

公元前490年，大流士在雅典附近的马拉松平原登陆，陈兵十万，这是要一次性解决希腊诸城邦的意思。相比于波斯的强大阵容，希腊方面有点拿不上台面。从人数上看，只有雅典的一万士兵。希腊的其他城邦都被波斯吓得闻风丧胆，完全抛弃了雅典。找了一圈儿，也就斯巴达有这个实力。雅典自然希望斯巴达能够发扬一下同袍之义。没想到斯巴达说我们有宗教信仰，要过了节才能出兵，要不神灵怪罪啊。雅典一看，这帮搞封建迷信的，靠不住，还得靠自己。

除了兵少无援外，雅典此时最最需要的是一名优秀的指挥官，这时身经百战的米提亚德临危受命。我们就叫他小米同志吧。小米同志可是出身名门的官二代、富二代。据古希腊著名历史学家希罗多德记载，他的叔父大米曾任过雅典执政官，小米的父亲是雅典首富。小米本人也曾当过雅典的执政官，后来他娶了色雷斯国王的女儿为妻，是色雷斯的驸马爷。由于长期生活在色雷斯地区，跟波斯军队多有接触，小米同志对敌方战术有一定的了解，因此他非常有信心带领雅典士兵击败庞大的波斯军团。反观波斯这边，虽然有人数庞大的军队，指挥官却是被逐出雅典数十年且不熟悉军事的希庇阿斯。

小米同志还很善于做演讲，放在今天估计就是“奇葩说”的达人。在迎战波斯之前，他在军队中做了慷慨激昂的演讲：

“雅典将披上奴隶的枷锁还是永远保持自由，关键就在于你们自己，因此我们要全力以赴进行战争！”

正所谓“天下兴亡，匹夫有责”，在这场本来就带有反侵略、保卫家园性质的战争中，有了强烈的归属感和荣誉感的希腊军人，士气大增。

虽然在兵力和作战主帅上双方各占优势，但是总体上雅典还是处于下风，失败的可能性极大。而最终雅典之所以能以一万多人生生打败波斯十万大军，还多亏了他们的战术精妙，充分发挥了主场优势。

在作战时机和地点方面，小米同志利用马拉松平原中间高两侧低的地形，将队伍排列成密集的八行方阵阵形，前四排士兵持矛向前，后排的长矛叠在前排的长矛之上，而后四排则将矛竖立。雨季在两侧低洼处形成的沼泽，成了队伍左右两侧天然的保护屏障。同时，为了防备波斯军队骑兵突袭，把重装步兵重点布置在两翼。雅典士兵从头到脚都有盔甲保护，重点部位用青铜保护，主要兵器是长约 3 米的矛，比篮球架都高，辅助兵器是 60 厘米长的短剑。战争一开始，小米就下令全力进攻，雅典士兵在距敌 300 米时开始全速冲锋。

“今天，我们必将战胜我们的敌人，保卫我们的家园！”

知己知彼才能百战不殆。正如前面所说的那样，波斯军队指挥官希庇阿斯久疏战阵，不熟悉新的形势，尤其是不熟悉雅典军队的装备情况。这给波斯军队带来了巨大的麻烦。波斯骑兵的主要武器是木质的弓箭，这种弓箭对于全身盔甲的雅典军队来说，几乎没用。几轮弓箭射击之后，雅典步兵已经冲到近前。雅典人的长矛可不是盖的，密集如林的长矛猛烈击穿波斯人的盾牌。波斯人也是没做好功课，只有第一排士兵持盾牌进行防御，雅典人以迅雷不及掩耳之势，攻破了防线。要说波斯的士兵也是勇敢的，后排的波斯士兵拔刀进行近身搏斗，可身着轻装如何与一连四排的长矛较量呢？这颇有点以卵击石的味道。

波斯兵团想搞人海战术，计划从正面及两侧把雅典军队包饺子。但不知道是因为波斯人事先没有做好侦察还是战略上被雅典人牵制无法选择作战地点。雅典方阵几乎是贴着两侧沼泽的泥沼前进，波斯人只能被动正面应敌。总之，作为进攻方来到他国领土的波斯人，从地理上确实是很吃亏的。当波斯的队伍渐渐溃不成军时，雅典军两翼的重装步兵开始向中间包抄，反而把波斯军队包了饺子。此时，波斯军队败局已定。见此情形，波斯主帅只能下令撤退。

雅典全城邦的人民都在翘首以盼，想要知道战争的结果。这个伟大的胜利需要让祖国人民尽快知道，一定要选一个跑得快的小伙子前去报信。反抗侵略，兵临城下，以少胜多——不管是哪一个要素，都足以让马拉松战役成为鼓舞雅典人民、在希腊的历史上留下浓墨重彩的丰功伟业。斐力庇第斯，这个当时号称飞毛腿的小伙子，就决定是你了，去向祖国报告这个喜讯吧！

小伙子只想跑得快一点，再快一点，要让雅典的人们早点知道我们胜利了。所以他一口气跑了 42 公里 195 米，抵达时只剩下了最后一点儿力气。斐力庇第斯用尽力气喊道："我们胜利了！雅典得救了！"然后他就倒地死亡了。

至于斐力庇第斯为什么会死亡，为什么不停下来休息，或者雅典人为什么没有选择接力报信的方法等等这些问题，后世的研究者们还没有给出一个明确的结论。或者说这样带有传奇色彩的描述本身就具有文学叙事的属性，它加强了雅典人的胜利荣耀。

后来为了庆祝马拉松战役胜利和纪念恪尽职守的斐力庇第斯，现代奥

◆ 马拉松战役胜利后送捷报的士兵斐力庇第斯

运会设立了马拉松长跑这个运动项目，推广至世界各地。

虽然雅典胜利了，但是漫长的希波战争才刚刚开始，从大流士到薛西斯，从雅典到斯巴达，从马拉松战役到温泉关战役，仗打了40多年。恩恩怨怨，最终都湮灭在历史的尘埃当中。希波战争中其实并没有胜利者，穷兵黩武的波斯帝国被战争拖垮，繁荣富裕的希腊城邦战争结束后内部矛盾激化，两股当时世界上最强大的力量互相争斗的时候，旁边的马其顿王国却在悄然积蓄力量，最终先后将二者纳入帝国版图。

（胡晔）

◆ 画作《李奥尼达在温泉关》

决战伯罗奔尼撒：跳不出的『修昔底德陷阱』

打败了波斯这个不怀好意的邻居后，雅典以为可以安安心心地做地中海的老大了，谁知道又有个不听话的小弟跳了出来——斯巴达。这个总想挑战权威的野蛮家伙，早晚要被收拾。

实际上在团结一致对付波斯人的希波战争时期，希腊内部的一些城邦也没停止拉拉扯扯搞小动作，只不过因为面对共同敌人的威胁，矛盾才没有激化。比如前面提到的马拉松战役，就是雅典单枪匹马地对付波斯，而其他城邦都是躲得远远地看热闹。更奇葩的是，在希波战争的一次战役中，实力强大的希腊城邦底比斯居然“耗子动刀窝里反”，站在了波斯人一边，帮着波斯人打希腊人。可想而知，希腊城邦之间的恩怨斗争有多么激烈。

◆ 古代希腊士兵头盔

◆ 反映战争场面的壁画

在与波斯人的战斗中，希腊城邦逐渐拉帮结派，形成了两个大的战争同盟：一个是以雅典为首的提洛同盟，另一个是以斯巴达为首的伯罗奔尼撒同盟。虽然同为希腊城邦，但是雅典和斯巴达的风格可不太一样。雅典更加民主，公民们都能提意见啊，但正因如此，决策速度就有点儿慢，而且容易发展成所谓“全民的暴政”，就是大家共同损害少数人的合法权利。斯巴达则是贵族寡头政治，优缺点正好与雅典相反，好处是决策过程快，坏处是容易发展成一个人的暴政。他们擅长的武功也不一样，雅典以海军见长，而斯巴达则拥有让人闻风丧胆的陆战勇士。

所谓一山不容二虎，那个年头谁的膀子硬谁就是老大。

就在双方都摩拳擦掌的时候，斯巴达的一个小弟柯林斯跟雅典为争夺地盘推推搡搡。小弟有难，大哥当然要出来撑腰，要不以后谁还认你当大哥呢？可是他们谁也没有想到，他们引爆的是又一场漫长的战争，而且这次自己人之间的战争对希腊的破坏程度，比和异族波斯人的希波战争还要严重。

这就是伯罗奔尼撒战争。

斯巴达国王带领着伯罗奔尼撒同盟雄赳赳气昂昂地向雅典郊区进军，慌了神的雅典郊外居民都涌进了城里，一时间雅典城内人满为患，使得卫生环境迅速恶化，雅典城内很快暴发了大规模的鼠疫。那年头，不但没有今天的医疗水平，也没有讲卫生的习惯，就连肥皂都没有。可老鼠却是带着病菌满地跑，还能挖墙盗洞，古人的那点儿道行，根本抗不住。

鼠疫大流行让雅典损失了大量的人口，而没有被传染的人也是惶惶不安，谁还有心思打仗呢？屋漏偏遇连阴雨，提洛同盟内部的一些小城邦看见雅典这熊样，纷纷打小

◆ 斯巴达武士雕像

算盘要脱离同盟，另寻良主。就算没有斯巴达这个强大的敌人，雅典自己也已经狼狈不堪了。所以，雅典人深知自己不能跟强大的斯巴达陆军硬碰硬，只能一方面在陆上死守雅典城，另一方面利用海军优势封锁斯巴达的港口，最终利用持久战，磨死斯巴达人。

雅典的战术果真奏效了，他们成功地占领了斯巴达的港口。可持久战是柄双刃剑，不仅消磨敌人，也损耗自己。时间长了，巨额的军事开销让雅典老大哥有点撑不住，招来各个小弟："咳咳，咱们商量一下，老大我虽然家大业大，但强撑着打仗也不容易，你们是不是也凑点儿份子，出点儿军费？"提洛同盟的军费提高后，一些小的盟国又开始起来造反。

总之，是一通乱。战争打了10年后，双方都承受不住了，终于在公元前421年签订了有效期为50年的《尼西亚斯和约》。雅典代表说："亲爱的斯巴达勇士，我们很高兴从战场走向谈判桌，希望我们之间的友情长盛不衰。"但大家可千万别当真呀。雅典人一只手拿笔签着和约，另一只手可是紧握大刀，准备下半场接着砍。斯巴达也不是"傻白甜"，表面上高喊着友谊地久天长，转身就筹集战略物资。因此，和约不过是双方为下半场接着打争取的喘息之机。

50年的合约刚执行没过几年，雅典人又按捺不住内心的骚动了。这次他们的目标是西西里岛。大家看看欧洲地图，就会发现意大利宛如一只靴子，而脚尖对着的便是西西里岛。雅典贵族们毫不掩饰他们对属于斯巴达阵营的西西里岛的垂涎之意，有人曾这样说："看啊，我的同胞们，多么美丽的岛屿，在岛上度假应该是不错的选择啊。"

如果仅是为了夺取一个度假胜地，雅典人也是太拼了。

他们派出了136艘战舰，2万多水手和6000多名全副武装的士兵，由三位大将统率。不过，人多事儿就多。三位大将中，有一位叫亚西比德。亚西比德？这个名字有点拗口，我们就叫他"亚首长"吧。这位亚首长估计是人缘不太好。他的政敌指责他与不久前发生的“亵渎神像”案有关，并向民主大会提出：“必须让亚西比德将军回国接受审判，否则他的邪恶将会连累雅典海军走向灭亡。”

这时远征军已经抵达了西西里岛，雅典的传令官乘快艇到了西西里岛，通知将军回国接受审判。这真是祸从天降，亚首长十分委屈：“你们为什么要把一个‘莫须有’的罪名加在一个忠心耿耿的勇士身上……”他决定不回国。但远征军奉命解除了亚首长的兵权和武器，将他囚禁起来，打算送回雅典。

亚首长一看横竖是死，倒不如现在投靠斯巴达联盟，保住性命。总有一天人们知道他是被诬陷的。亚西比德连夜越狱，奔向了斯巴达的军营。消息传到了雅典，举国愤怒，民主大会判定亚西比德叛国罪，下令雅典远征军一旦抓到了亚西比德，无须押解回国，就地处死。听到这个消息，心灰意冷的亚首长索性将自己所知道的军事机密，都透露给了斯巴达。

战争持续了一段时间后，另一位雅典将军也逝世了，最终前线只剩下拉马克斯将军一人指挥战斗。在战争胜败的关键阶段，斯巴达联盟的援军和补给源源不断，而雅典的国内矛盾却是不断升级，混乱的政局使他们无法给自家海军及时提供援助力量。以文化著称的雅典，在军事上输给了“穷兵黩武”的斯巴达。

雅典的远征海军望穿秋水也等不来援军，在接下来的几次战役中节节败退，士气低到了极点。过去雅典鼎盛的时候，对他国总是颐指气使，小弟们不愿意也得忍着。雅典大哥这下终于倒霉了，该尝尝众叛亲离的滋味了。西西里岛的叙拉古人趁机捣乱，他们占据了雅典人在海岸边存放燃料和食物的要塞。然后，整个西西里岛上的人结成统一战线，共同对付雅典人。

等了好久，雅典援军终于到了，但是综合敌我双方力量对比，将领们

◆ 伯罗奔尼撒战争场面

决定：“我们必须先撤回雅典，海军才能保存实力，以后再战。”在海军准备撤退的夜里发生了月食现象，本来是掩护军队撤退的大好机会，可那年月，人人都迷信天神的预示，他们连忙找来了一个巫师，问问这是怎么回事啊。巫师算了一通，说这是有灾难，要想活命，必须等到三个九天过去之后，才可以讨论军队的去向。巫师就这么上下嘴唇一碰，把雅典大军留在了岛上。这样，雅典海军失去了撤退的最佳时机。叙拉古人可没被月食震慑，而是“宜将剩勇追穷寇”，包围夹击了残留的雅典海军。雅典军队全军覆没，场面十分血腥。雅典贵族们想在西西里度假的美梦破碎了。

经过这几次交手，斯巴达联盟略占优势。他们打算乘胜追击，最终瓦解提洛同盟，成为希腊半岛的霸主。但斯巴达人深知雅典海军有优势，所

◆ 修昔底德塑像

以请昔日的对手波斯帮助他们建立一支装备一流的舰队。舰队建成一年后，斯巴达得知雅典在赫勒斯滂海峡的防御设施非常简陋，有机可乘，就带领舰队前去攻击。赫勒斯滂海峡也就是今天土耳其的达达尼尔海峡，它在日后 2000 年的战争史中一直是战略要冲。

斯巴达舰队抵达赫勒斯滂海峡后，士兵安静地蛰伏在海湾里。三天之后，等待敌人进攻的雅典海军们开始不耐烦，要么在船上晒太阳，要么在海岸上懒洋洋地闲逛，将海湾中的斯巴达军队视为嘴边的猎物。等到第五天的时候，雅典海军进行了一次挑衅，朝着对方扔石头，斯巴达毫不还击，雅典人懒洋洋地回去享用午餐。此时此刻，只见斯巴达的主帅抬手一挥，斯巴达舰队全速冲向雅典海军。雅典士兵们没有想到斯巴达人会在此刻攻上来，来不及组织舰队，仓促之间只有 9 艘船准备完毕，而斯巴达可有 180 艘战舰呀！雅典再一次大败，而且是自己擅长的海战。

经过一连串的战役，公元前 404 年，斯巴达终于迫使雅典接受战败条约，解散提洛同盟，交出舰队。这场持续了三十年的伯罗奔尼撒战争以斯巴达胜利而告终，从此它成为希腊的霸主，开启了地中海世界新的时代。

这种世界老大和老二之间的争斗，也被著名的史学家、雅典将军修昔底德记录下来，称为“修昔底德陷阱”。

（胡晔）

古希腊的『超级演说家』伯里克利的演讲

古希腊的历史某种程度上是一部战争史。其中特洛伊战争和希波战争都是古希腊文明与外邦的碰撞，伯罗奔尼撒战争却是一场希腊世界的内战。

伯罗奔尼撒战争的导火索，是这两个霸权国家在利益、地盘上的分赃不均。在经历多次失败的会谈后，公元前 431 年，战争终于爆发，曾经为抵抗波斯帝国而并肩战斗的雅典和斯巴达，共同吹响了毁灭希腊的号角。双方就像古代奥运会上两支势均力敌的队伍，一较量就是 27 年。鲜血染红了希腊的土地，雅典最终战败，但斯巴达也不能算是胜利的一方，因为战争同样削弱了斯巴达，使得希腊世界从两强对峙，变成了群龙无首。这种局面，为下个世纪亚历山大大帝征服希腊各国，铺平了道路。

如果说，在这场惨烈的鏖战之中，还有什么值得纪念的闪光点，那就要属开战第二年，伯里克利发表的葬礼演说了。

伯里克利是什么人？公元前 443 年到前 429 年，伯里克利执掌雅典政权，这 15 年也被称为“伯里克利时代”。他当政期间，雅典的民主政治、奴隶制经济和古典文化达到了顶峰。马克思曾说，希腊的内部极盛时期，就是伯里克利时代。著名的帕特农神庙就是在伯里克利时期建成的。

◆ 伯里克利塑像

以民主改革为例，到伯里克利时代，公民参政资格大大放宽，不再受到财产的限制。所有公民，无论贫穷还是富有，都可以出任各级官职。在这些官职里，除了极少数特殊职位，比如，需要具备军事技能的十将军是通过选举产生以外，大部分职位要么由全体公民轮番担任，要么是从公民中抽签产生的。在今天的我们看来，投票选举已经足够民主了吧？可是在雅典人眼里，选举时大家会把票投给有才华、有钱、有名望乃至于受欢迎的人。总之，这有利于精英崭露头角，对于资质平平的隔壁老王来说，还是不够公平。那怎样才算公平呢？要么，谁也别抢，大家轮流做官，是公平的；要么，大家抽签，看奥林匹斯众神选择谁，也是公平的。

水泊梁山有一位“黑旋风”李逵，他有一句名言：“皇帝轮流做，明年到我家。”这句话可把效忠朝廷的宋江哥哥给吓坏了，天子是谁都能当的吗？但是在雅典，每一个男孩都可以大大方方地讲出李逵的心愿。因为这里的每一位公民，只要活得够久，轮到自己时，身子骨还硬朗，又或者只要运气不太坏，一辈子能抽中一次好签，就可以做官，甚至是做等级最高的执政官。

◆ 希腊雅典卫城遗迹

不过，古代的官职很多时候并不配发薪水，做官虽然掌握了权力，在经济上，却更像是一种奉献。那么，假如抽中隔壁老王去做陪审法官，老王却穷得叮当响，每天都要为了糊口，去打苦工，他怎么能有时间心平气和地坐到法庭上，倾听张家长、李家短呢？为了保证贫穷的公民也能安心出任公职，伯里克利时代的雅典实行了公薪制，包括陪审法官在内的多数公职，都可以从国家那里领取津贴。

到了后来，这件事的发展，更远远超出了现代人的想象。古代世界文盲遍地，大家斗大的字不识一个，但是人人都看得懂戏剧。因此，伯里克利特别重视戏剧的教育意义，他当政时期，雅典竟然给看戏的公民也发放津贴，去看戏还可以挣钱，这样的好事，我们拍脑袋也想不出来吧？而有了热衷看戏的观众，我们也就能够理解，古希腊的戏剧为什么会那么繁荣兴旺、大师辈出了。

说了这么多，其实伯里克利时代的政治精神，充分地体现在了他所做的阵亡将士葬礼演说中。公元前 430 年，为了祭奠在与斯巴达的战争中阵亡的士兵，也为了鼓舞国民的士气，雅典专门举办了国葬，伯里克利登台，发表了著名的《阵亡将士葬礼演说》。他说：

“咳咳，安静，安静，开会了。雅典人，我们应该骄傲，因为我们的政治制度不是从邻居那里模仿来的。我们从不模仿其他人；相反，雅典人的制度是别人的模范。雅典的制度是民主的制度，因为政权掌握在全体公民手中，而不是在少数人手中。每一个人在法律上都是平等的。雅典之所以让一个人担任公职，考虑的不是他的阶级，而是他的才能和城邦的公正。

“在雅典，人民的生活丰富多彩。工作之余，我们享受各种娱乐，陶冶情操，锻炼身体，这让我们忘记了忧愁。雅典富裕、开放，在这儿可以

◆ 伯里克利在演说

享受到世界各地出产的一切美好的东西。这里的人们爱好美丽，但没有变得奢侈；这里的人们爱好智慧，但没有因此柔弱。我们把财富当作可以适当利用的东西，却没有把它当作夸耀的资本。至于贫穷，谁也不必把承认贫穷看作耻辱，真正的耻辱，是为了摆脱贫穷而不择手段。在雅典，每一个人关心的，不仅是自己的事务，还有国家的事务。即使是那些忙忙碌碌的人们，对于国家的政治事业也感到亲切。在这样的生活中成长起来的雅典人，是真诚、热情、慷慨的，也是独立、勇敢、优雅的。”

讲到这里，伯里克利的声音变得更加深沉和坚定：

“我可以断言，我们的城邦是全希腊的典范。我歌颂了我们的城邦，但是，使我们的城邦光明灿烂的，是这些阵亡的将士，以及和他们一样勇敢、一样具有英雄气概的所有公民。雅典是伟大的，值得我们把最好的东西贡献给它。我们应该以阵亡的将士为榜样，我们应该下定决心。要自

◆ 雅典古城的断柱残石

由，才能有幸福！要勇敢，才能有自由！”

这可能是古希腊历史上，有关雅典民主的最动人的描述。可是，也恰恰是因为它太过于美好，反而让演说背后的某些瑕疵，显得格外刺眼。

我们不应忘记，雅典的民主属于全体公民，但公民的资格只属于成年男性。与男性人口相当的女性不属于公民，而在西方女性还要等待 2205 年，一直到公元 1776 年，美国新泽西州才会在人类历史上，第一个赋予女性以参政权。

我们也不应忘记，除了女性，比雅典男女公民的总数还要多的奴隶，也不属于公民。恩格斯曾说：“没有奴隶制，就没有希腊国家，就没有希腊的艺术和科学。”雅典公民可以在工作之余享受戏剧、体育，培养智慧、美德，是因为雅典的大部分公共服务和家务劳动，都由奴隶代劳。而奴隶还要等待 2262 年，到公元 1833 年，英国才在西方国家中，首先废除奴隶制。

我们还不应忘记，雅典国内的民主制度，并没有妨碍他们对外奴役小国，与斯巴达争霸。这样的内外反差，让人不无唏嘘，却又普遍地存在于当今世界。

尽管如此，雅典的确如伯里克利所说的那样，是伟大的。我们对它求全责备，只是因为两千多年来，人们对伯里克利时代的雅典，寄予了太多的精神寄托。近些年，希腊深陷财政危机，但是欧盟永远不可能抛弃它。原因很简单，就像黑格尔说过的那样："一提到希腊，在有教养的欧洲人心中，自然会引起一种家园之感。"试问，有谁会嫌弃家乡的贫穷呢？

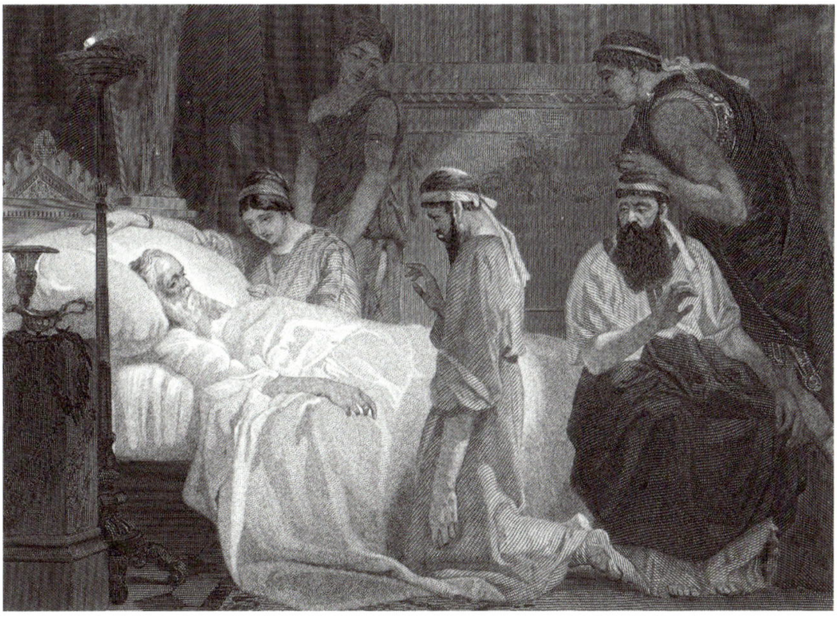

◆ 伯里克利死于瘟疫

公元前430年的这次演说，也是伯里克利个人的绝唱。就在这一年，一场可能来自埃塞俄比亚的瘟疫，经过海上贸易，蔓延到了雅典。伯里克利发表演说时，雅典城内可能至少有三分之一甚至三分之二的人口死亡。据说，从没有人见过伯里克利哭泣，可是当他的两个儿子感染瘟疫、相继去世的时候，在小儿子的葬礼上，老人家一边为孩子戴上下葬的花环，一边忍不住留下了泪水，他一生中只失态过这么一回。

公元前429年，伯里克利本人也因瘟疫去世。瘟疫的冲击和伯里克利的去世，加速了雅典的衰落。最终，公元前404年，雅典败给了斯巴达，雅典海军和海外属地被剥夺，陆上防御工事也被夷为平地。但幸运的是，雅典的古城保留了下来。当然，比这更幸运的是，雅典的精神遗产和伯里克利的演说，更是早已留存在了人们的记忆中。

（杨盛翔）

为什么阿富汗曾有希腊人的国家：亚历山大的征服

20 岁的你在做什么？在上大学还是已经工作？是不是对未来满怀憧憬，又感到一切都不确定呢？

想必你和朋友玩过扑克，不妨注意一下梅花 K，因为那张扑克牌上的国王，在 20 岁的时候，就统治了马其顿和希腊，他相信自己这一生注定要做一件事。

他要统治世界。

所以，每当他的父亲，马其顿国王腓力二世又征服了一块土地，亚历山大就会哭泣："父亲不打算留下一土地，让我来征服吗？"

◆ 亚历山大大帝塑像

古代马其顿的疆域大概在今天希腊东北部的边缘。公元前 336 年，腓力二世遇刺身亡，年仅 20 岁的亚历山大登上马其顿王位，臣服于马其顿的希腊传统强国，如雅典、斯巴达、底比斯，听到消息后大喜过望，纷纷起来造反。对于马其顿这个崛起于北方的暴发户，它们早就看不顺眼了，只是因为打不过腓力二世，才不得不俯首称臣。没想到，初出茅庐的亚历山大比他老爹更厉害，正愁没地方一展拳脚的他，把不可一世的对手一一吊打，再次征服了希腊全境。

亚历山大将分裂的希腊整合起来，把各国在数百年内战中培养出的战斗素养、尚武精神，用到了对外扩张上，迸发出了难以想象的力量。

那个年代，即使是求知欲旺盛的雅典人，所知道的世界也非常有限。往西看，就只剩下落后的意大利，那里的罗马共和国，正在跟比自己还落后的高卢人搏斗，暂时还不成气候。往东看，那里真是人间天堂，可惜所有富庶的地方，全都听命于一个超级大国——波斯帝国。

公元前334年，22岁的亚历山大，以父亲被波斯人刺杀为理由，踏上了东征之路。这个理由是“莫须有”的，也是不重要的。重要的是，波斯帝国是希腊人的宿敌，至今仍然统治着小亚细亚的希腊同胞，打着这个旗号，既师出有名，又能够争取到海外希腊侨民的支持。

与波斯帝国这个庞然大物相比，马其顿和希腊实在小得可怜。在掏空了国库，动员了所有力量之后，亚历山大也只能率领4万步兵、5000骑兵，带上只能维持30天的粮食，越过波斯帝国的边境，闯入小亚细亚。

这种策略意味着他必须连战连捷，然后通过掠夺战利品，以战养战，只要进攻的势头稍有不顺，就会陷入绝境。可是，亚历山大是人类历史上少有的军事奇才，他顺利拿下小亚细亚，也就是今天土耳其境内的安纳托利亚半岛。然后又挥师南下，攻克叙利亚。

在这里，他与波斯大军展开伊苏斯战役，大破号称60万的敌军。后世的研究者普遍认为实际上波斯军队并没有达到这么多的数量。不过，波

◆ 伊苏斯战役

斯军队占据数量上的绝对优势，是没有疑问的。到了这个时候，波斯国王才想起来求和。他给亚历山大寄去一封书信，建议双方和谈。波斯国王在信中说："亚历山大陛下，为了和平，我愿意把半个波斯帝国让给您！"

亚历山大收到信后，问部将帕曼纽："你觉得这个建议怎么样？"帕曼纽满意地说："如果我是亚历山大，我就采纳这个建议。"

亚历山大笑着回答："如果我是帕曼纽，我也会采纳这个建议。"可是，他毕竟是要征服世界的亚历山大。他拒绝了和谈的建议，继续南下。

在夺取埃及之后，为了庆祝胜利，亚历山大在尼罗河入海口建造了一座城市，以自己的名字，将它命名为亚历山大。直到今天，亚历山大城仍然是埃及的第二大城市。以一位古代希腊君主的名字命名了一座埃及城市，这足以说明希腊文明在埃及留下了永久的印记。强有力的征伐的确在一定程度上能够改变历史的走向。在亚历山大城外的法罗斯岛上，公元前 280 年，埃及法老托勒密一世命人修建了一座看来高大无比的法罗斯灯

◆ 埃及亚历山大灯塔原址

اللي معاه ربنا يمشي على الميه

塔，足足有 30 多层楼那么高，灯塔放射出的光芒，足以为几十公里外的船舶照亮航道。为纪念亚历山大，这座灯塔也称为“亚历山大灯塔”。

法罗斯灯塔也被列入了“古代世界的七大奇迹”，是古代驴友们向往的圣地。

亚历山大没有留恋埃及的繁华，他是个坐不住的年轻人。他从埃及继续东进，逼近波斯帝国的腹地两河流域。此时，他已经是有史以来，向东走得最远的希腊人了。当波斯帝国的最后一位统治者被亚历山大斩首，这意味着当时世界上版图最大的国家、希腊人的宿敌波斯就此灭亡了。在生产力还很不发达的古代世界，来自希腊的马其顿人能够一口气远征到中东，并且消灭了称霸已久的波斯帝国，这本身就是全民族远征才能够产生的巨大张力，绝非亚历山大个人所能决定的。

但是亚历山大会停下脚步吗？他的部下已经离家多年，全都盼望着早日回到马其顿。这并不是一个简单的思乡的问题。远征在一开始也许是为了统一，也许是为了复仇，也许是为了财富。但是到了这个地步，其成果已经远远超过了出发前的预期。这个时候，对构成远征军大多数的普通马其顿人来说，继续向前获得胜利已经不再充满诱惑，反而成为一种负担。

可是，亚历山大虽然没有在波斯停留太久，却做出了又一个冒险的决定。公元前 326 年，30 岁的亚历山大率军挺入阿富汗和印度，他们已经来到了希腊人眼中的东方的尽头。

在印度河流域，亚历山大击败了北印度国王波拉斯。

可是雨季接踵而至，大雨连续下了 70 天，把他阻隔在了恒河的北岸。他的部下离希腊越来越远，他们已经追随亚历山大征战了整整 10 个年头，终于，他们拒绝了亚历山大继续前进的命令。无论是从臣民与君主的关系的角度还是从部队与指挥官的关系的角度，这种抗命都不仅仅是向领袖抗

◆ 亚历山大大帝征服印度的战役

议这么简单，而是实实在在的哗变，有顷刻间危及最高统治权的风险。

年轻气盛的亚历山大火冒三丈，却又毫无办法。他把自己关在帐篷里，花了三天时间，才平息了怒气。最后，他只能放弃征服印度的计划，班师回朝。当然，表面上国王是不能屈从于其他人的意志的，所以他安排了一场祭祀，往河里投入祭品。得到的预兆显示，前进将会不利。就这样，在外人眼中，亚历山大顺应天意，主动中止了东征的计划，于公元前 324 年回到了波斯的苏萨。

虽然打败了波斯帝国，但亚历山大还是面临着如何管理这片新征服的土地的难题。于是，充满想象力的亚历山大在苏萨组织了一场前所未有的洲际婚礼，史称“苏萨集体婚礼”。

他和自己的 91 名部将，同时迎娶波斯女子为妻。许多普通的马其顿将士也效法他们，娶了波斯人的女儿，据记载，总共有一万多对新人结为伉俪。婚礼规模盛大，并且按照波斯的习俗举办。新郎们先按级别坐下，祝酒礼过后，新娘们才进场，新郎们牵起妻子的手，亲吻她们。在稍后的宴会上，每一位客人都用金杯盛满美酒，开怀畅饮。

婚礼，或者说狂欢，举行了至少五天五夜，亚历山大还从希腊召集来乐师、舞蹈家、演员，专门为婚礼助兴。

我们要如何评价这场婚礼呢？一方面，这符合亚历山大一贯开明的统治政策。征服敌国的土地固然艰难，要将敌国的土地与本国的土地真正融为一国，让敌国的人民与本国的人民和谐共处，更是难上加难。自从开始远征以来，亚历山大一直有意推动东西方的交流，打破地域隔绝。

其实，除了鼓励通婚以外，远征期间，还有不少希腊学者受邀来到亚洲，研究东方的科技和文化，收集地理学、植物学、动物学的标本。亚历山大的老师，是被誉为古代希腊“最博学之人”的亚里士多德。作战之余，亚历山大曾派出数以千计的人员，供亚里士多德调拨，有打猎的、捕鱼的、养蜂的、喂鸟的，分布在亚洲的各个地区，这样便相当于建成了无数座生物实验室。亚历山大还下令，为亚里士多德广泛收集档案、文献，以方便老师研究各地的政治和法律。总之，无论是结婚，还是文化交流，都有利于开阔人民的思想境界，消除不同国度人民之间的怀疑和敌对。

另一方面，政治家的选择，总是从现实利益出发的。

马其顿人迎娶的波斯女子，基本上出身贵族，就本质而言，这是一场意在笼络波斯贵族的政治联姻。实际上，早在公元前 330 年，亚历山大刚灭亡波斯帝国不久，他就迎娶了出身高贵的波斯美女罗克珊娜。可是没过几年，亚历山大就抛下妻子，率军开赴印度。在 6 年后，亚历山大又娶了地位更高的两位波斯公主，还把另一位公主许配给了手下的爱将。这么做，让亚历山大当上了波斯帝国的女婿，为他收服波斯的人心，铺平了道路。

可是，这种做法并没有尊重当事人的感情意愿。以亚历山大本人为

◆ 亚历山大大帝（左）受教于亚里士多德（右）

例，从古到今，始终有学者怀疑，他其实是同性恋，所谓的婚姻，并非出自感情的需要。至于他的部下们，其中的许多人已经在马其顿有了妻子，而且在此之前，他们与嫁给自己的波斯女子之间，也没有感情可言。婚礼本身，不如说是在亚历山大的命令下，被迫举办的，亚历山大死后，几乎所有的波斯新娘都遭到了遗弃。在武力兼并之后，通婚、联姻这种怀柔政策往往会成为新晋统治者的最佳选择。然而，即使是这样，由于文化传统的根本隔阂，有的时候也不一定会取得良好的效果。

强制通婚不一定会让波斯人接受这些成为他们统治者的马其顿人。反过来说，这种一夫多妻的做法，在马其顿人自己看来，也是一个危险的信号。它表明，亚历山大放弃了马其顿的生活方式，采纳了波斯人的风俗。

这验证了多年来将士们亲眼目睹的事实，那就是，亚历山大已经不再是当年那个为马其顿打下世界、与战士们同甘共苦的战神了，现在的亚历山大，过上了波斯国王的奢华生活，习惯了波斯王室的生活方式，甚至还计划像波斯国王那样，把自己包装成不属于人间的神灵。

亚历山大遣散了大批马其顿士兵，代替他们的是被马其顿人打败的波斯人。远征的胜利让亚历山大大帝成为横跨好几个大洲的庞大帝国的唯一统治者，但是这也必然抛给了他一个难以解决的难题。他自己的民族认同到底属于谁呢？是属于生他养他的马其顿，还是属于给予他无上荣耀的波斯甚至是印度呢？在不同民族之间还有较深的隔阂的农业文明时代，亚历山大大帝恐怕很难拿出一套理论来让所有人信服——他认为哪一个民族都是至高无上的。

亚历山大并不打算停下战争的脚步，他计划在结束休整后，继续远征。有人说，他的目标是南印度，有人说是西欧，有人说是南方的阿拉伯半岛。可惜，他等不到那一天了。

公元前 323 年的 5 月，习惯酗酒的他，在宴会上喝下了 12 品脱未掺水的酒，随后便病倒了。同年的 6 月 10 日清晨，他的眼睛永远闭上了。

围绕亚历山大的死因，向来众说纷纭，许多古代人相信，他是被身边的人合谋毒死的，参与下毒的，就有他的恩师亚里士多德。但不管怎样，即便亚历山大依然活着，如何恢复军队和帝国的团结，也将是困扰他的一大难题。亚历山大死后，他的帝国立刻分崩离析，一分为三。

不管亚历山大是否意外身亡，他的庞大帝国都注定是难以长久地持续下去的。兼并国家、征服土地不是单纯物质层面上的行为，不是单单兵强马壮、钱粮充足、多打胜仗就能解决一切的问题。守业更比创业难，无论是总督治国、划分行省还是各族通婚，都不可能从根本上把本不是一个国家的地区和民族糅合在一起。古代帝王对外征服的伟业，终究是有限度的。也正是由于这个原因，无论是古典时代的亚历山大帝国、罗马帝国，还是后来的奥斯曼帝国等，他们也许都曾经横跨洲际、盛极一时，但终究会湮灭于历史当中，成为波浪前进的海潮下的沉淀物。

也正是因为这样，人类文明才能以丰富多样的面貌存续至今，让后人领略更多不一样的美丽。

（杨盛翔）

文明的故事

罗马帝国的兴衰

THE STORY of CIVILIZATION

古罗马共和制：制度演进的伟大首创

我们总是强调学习历史要有全球视野，但很少有人真的能把复杂的世界历史与中国历史融会贯通，甚至很难找到互相对应的历史事件。但今天我们要讲的古代罗马历史，却与当时的中国历史莫名相似，在世界历史中也经常做比较。如何相似呢？我们详细来看看。

在这之前，可能还需要大家明确两点，这样有利于更好地理解接下来的罗马历史。

希腊与罗马的关系：希腊文明是伟大的，好东西要分享，所以罗马人变成了希腊文化的迷弟，继承下来并发扬光大。

了解罗马必须要知道它的三个重要时期：罗马王政、罗马共和国以及罗马帝国。以后如果有人提到罗马，你就要立刻警醒了，显摆的机会来了。

距今 2800 年前，即公元前 770 年，中国的周平王把国都从镐京，东迁到了洛邑，相当于从今天陕西省的西安市，东迁到了河南省的洛阳市，历史上将此后的周称为东周。

◆ 罗马母狼雕像

17 年之后，即公元前 753 年，距洛邑 8200 公里之外，在欧亚大陆的西端，另一个将要影响人类历史的国家，也建立了。

一位相传喝狼奶长大的，名叫罗慕路斯的青年，建立了罗马城，他自己就是罗马的第一位国王。

“罗慕路斯万岁！”

从罗慕路斯当国王的公元前 753 年开始，到公元前 509 年为止，244 年间有 7 位国王接连登上王座。这个阶段被称作“王政时代”，和中国的春秋时代（公元前 770—前 476 年）是差不多的时期。

平王东迁后，东周天子的管辖范围，只剩下洛阳城和周边的土地。与此相似，王政时代的罗马王国，同样只是一座小小的城邦，罗马王国的首都罗马城，就仿佛是东周的首都洛阳城。

但不同的是，东周在洛阳永远地沉沦下去了，而罗马王国却在王政时代的最后一年爆发了革命。罗马人赶走国王，自己当家做主，也改写了国家的命运。

那是公元前 509 年，是王政时代的最后一年，也是长达 482 年的共和国时代（公元前 509—前 27 年）的第一年。我要带你去到 2500 年前的罗马，让一位罗马市民带你看看共和国建立的故事。

嗨，我叫查士丁尼。我家住在罗马城郊区，我的父亲是罗马城郊区的农民，我 12 岁那年，罗马城发生了一件大事。事情发生在一个雨后的清晨，那天早上，天刚蒙蒙亮，我就被父亲叫了起来。

“醒醒！醒醒！快起来！”

“怎么了爸爸？出什么事儿了？”

“有大事发生了，市政官已经挨家挨户地敲门了！跟我一起去看看！”

我跟着父亲出了门。

好在那天早上，一连下了几天的暴雨终于停了。一大群鸟儿在空中盘旋，遮住了天空。

“爸爸，你看，天上有好多鸟啊！这是好事还是坏事啊？”

“唉……”

“爸爸你怎么不说话？”

“如果你叔叔在就好了，他很懂这个，一定能告诉我们是吉还是凶。”

“叔叔去哪了呢？”

“他跟着国王陛下去打仗了。”

他们是半个月前出征的，我记得出征前，国王塔克文在马尔斯广场发表讲话。

"公民们！听我说，卢图利人虽然很富有，可是都是一些无能的饭桶！他们胆小如鼠，根本无法阻挡我们罗马英勇的军队！我很快就能打败他们，把他们的钱财都带回罗马！"

我问过叔叔，卢图利距离罗马只有35公里，我当时天真地以为，他们打这一仗，可能要不了几天。可是，他们刚出发不久，就一连几天下起了暴雨，听说我们的战士把卢图利包围了起来，却一直不能攻进城去。

我年龄还小，干不了重活儿，那天，我和其他几个孩子，被分派去不远处的山坡上砍树。正忙着的时候，伙伴们大叫起来。原来，沿着山路，正走过来一支长长的队伍，他们高举着科拉提亚城的旗帜。

走在最前头的，是国王的外甥、禁卫军统帅卢修斯·布鲁图斯。几年前，叔叔带我去科拉提亚玩儿过，那是属于我们罗马的一座小城。统治科拉提亚的，是国王的表侄科拉提努斯。现在，他也在这支队伍里，神情既哀伤，又愤怒。走在布鲁图斯和科拉提努斯后面的，是许许多多和叔叔一样岁数的青年人，我怀疑科拉提亚所有的青年人都加入了这支队伍，他们当中还有人抬着什么东西。

等队伍走近时，可吓了我一跳，他们抬着的，是一具棺材，里面躺着一位美丽的姑娘，她穿着一件黑色的长袍，安安静静地睡在那里。

她的胸口上全是血，上面插着一把匕首！

布鲁图斯和市政官交流了些什么，然后他大手一挥，带领队伍走向了马尔斯广场。看起来，将会有什么大事发生，强加在我们头上的劳役也中止了。

父亲拉着我，从拥挤的人群里挤向前去，最后干脆把我举起来，让我骑在他肩膀上。科拉提亚的青年们，把装着姑娘的棺材放在了战神马尔斯的塑像前，科拉提努斯在姑娘身旁跪了下来，泣不成声。

"那是卢克丽霞！"

“是科拉提努斯长官的妻子！”

“真是可怕，怎么会发生这样的事？！”

群众好像理解了科拉提努斯为什么会这么悲伤。在人们的议论声中，布鲁图斯走上了发表讲话的前台，准备发言。

到底发生了什么？布鲁图斯知道些什么？

布鲁图斯在讲台上说了这样一段话：

“我的罗马同胞们！这位死去的姑娘，就是可敬的卢克丽霞。统治我们这个国家的塔克文，派出他的儿子塞斯图斯，去科拉提亚召集援军。卢克丽霞，以长官夫人的身份款待了塞斯图斯，可是没想到，他盯上了高贵的卢克丽霞！

“同胞们！塞斯图斯奸污了卢克丽霞。塞斯图斯还威胁，要当场杀死卢克丽霞和她的男仆，然后宣布，她和男仆有见不得光的丑事。卢克丽霞没有办法，只能忍辱负重地活着。等到我们赶回去的时候，她请求我们为她报仇。然后就用你们看到的这把匕首，结束了自己的生命！”

“你们有谁知道26年前（公元前535），我们尊敬的老国王塞尔维乌斯是怎么死的吗？他是被自己的女儿，还有女婿，也就是现在的国王塔克文，合谋杀死的！

“26年前，塔克文带人占领了元老院，在他收买的一群元老面前，公开宣布夺权。等塞尔维乌斯到场后，塔克文殴打年迈的塞尔维乌斯，把老国王推出了会场，他预先安排好的刀斧手立刻一哄而上，把可怜的老国王砍成了碎片。他的女儿，这起阴谋的主使，任由父亲暴尸街头。这么多年来，人们一直被告知，杀死塞尔维乌斯的，是那群来路不明的刺客，即使有人知道，是塔克文暗杀了岳父，也没有人敢公开站出来，揭露这位暴君的罪行。”

◆ 古罗马圆形剧场

我曾听父亲讲过，老国王深受民众喜爱。他的上台，没有经过元老院的选举。他是依靠平民的拥戴，登上了王位，这在罗马人的记忆里，还是头一回。

“我装疯卖傻才保住了性命，我一直在等待讲出实情的这一天！”

卢克丽霞的死，老国王被谋害的实情，还有多年来，塔克文对贵族、平民的肆意欺压，让罗马城沸腾了起来。我只记得，布鲁图斯随后主持了库里亚大会。会场很快达成一致，散会后，布鲁图斯回到马尔斯广场，向不肯散去的人民发表讲话：

“亲爱的同胞们！塔克文做国王这件事，违反了罗马人的风俗和法律，他不是被民主推选出来的，而是用暴力暗杀的方式篡夺了王位。打压贵族，还取消了平民的选举权！我们决定剥夺他的权力。平民们！请你们和我们站在一起，为罗马夺回自由！”

长久以来，罗马人对塔克文的所有不满，瞬间爆发了。对于布鲁图斯的提议，民众大声欢呼，表示赞同。而后，留在城内的男性公民自发组成民兵，跟随布鲁图斯开赴前线，我们这些孩子也跟在队伍后面，想要亲眼看看塔克文的下场。

第二天一早，我们到达了前线的军营。没想到，我们在前线的同胞早就得到了城内起义的消息，塔克文惊慌失措，已经在昨晚趁着夜色溜走了。前线的部队宣布响应起义，拥戴布鲁图斯为首领。

但是，布鲁图斯提醒大家，塔克文一定会卷土重来。于是我们来不及歇息，又赶回了罗马。回到城内后，布鲁图斯再次把全城人民召集到广场上，用洪亮的声音高喊道：

“所有罗马人，无论贵族、平民，我呼吁你们和我一起宣誓，绝不再容忍任何人统治罗马，我们只热爱自由，罗马不需要国王！”

那一天，是罗马重生的日子。244 年前，伟大的罗慕路斯建立了罗马城，从那以后，罗马有了 7 位国王，他们掌握权力以后，就变得越来越凶恶。今天，罗马市民终于推翻了国王，结束了王政时代，建立了共和国。从此以后，罗马不再有国王，只有被选举出来的两位执政官，他们将会带领罗马走向辉煌。

罗马市民选举布鲁图斯和科拉提努斯担任执政官，查士丁尼的叔叔也当上了百夫长。再后来，塔克文果然纠集他的追随者，妄想夺回罗马。布鲁图斯率军迎战，亲手杀死了伤害卢克丽霞的前王子塞斯图斯，自己也倒在了血泊中。塔克文最终没能复辟，布鲁图斯的牺牲换来了共和国的胜

◆ 罗马斗兽场

◆ 古罗马城市广场

利，罗马人永远不会忘记他。

公元前 509 年，罗马告别王政时代，建立共和国。塔克文的残暴统治使人们认识到没有国王也很好，或许罗马结束王政时代带有一定的历史偶然性，然而这一对于独裁暴君的恐惧一直萦绕在罗马人心中。甚至后来伟大的恺撒要独裁，都引起元老院的恐慌。

古希腊被认为是现代自由主义的起源，特别是雅典城邦的民主制度，被看成现代西方民主制度的源头。但是它本身也有弊端，经常会出现民意膨胀，导致了很多极端的政治行为，也就是我们经常提起的“多数人的暴政”。比如苏格拉底被雅典公民投票判处死刑，就是其中的一个例证。

而古罗马在废除王政，改制共和之后，形成了一套不同于雅典城邦的政治制度。古希腊人波利比乌斯曾经以人质的身份在罗马停留了 17 年，他得出了一个非常明确的结论：罗马人的共和制度是一种混合政体。执政官相当于国王，元老院是贵族，罗马的各种平民大会代表民主。

波利比乌斯认为，任何单一的政体形式，无论是君主制、贵族制还是民主制，都只体现一个原则，每一个原则都有自然的恶的倾向。假以时日，一定会走向自己的反面。君主制一定会变成暴君制，贵族制一定会变成寡头制，民主制一定会变成暴民政体。而罗马共和制的成功之处在于这三方势力、三种权力互相制约，都无法达到至高无上的优势地位。波利比乌斯认为，罗马人能够创造出这种混合政体，并不是因为单纯地思考，而是在一次次的政治危机当中，通过不停地斗争一点儿一点儿摸索出来的。

罗马的这种混合政体构架，为后来的英美政治带去了许多灵感，英国 14 世纪以后也逐渐形成国王、上议院（相当于元老院）、下议院（平民大会）的政体结构，美国也是类似。美国参议员由每个州定额分配人数，是在模仿贵族的元老院（参议院的名称直接借用了罗马元老院的 senate），而众议员的人数就按照各州人口分配，就有更强的平民色彩。

聊到这儿，你应该明白罗马人推翻国王、建立共和制有多大的意义了吧？就像前面所讲的，在世界历史发展的总趋势当中，制度的演进和更替是相当重要的一环。而作为西方文明源头之一的古罗马，在这方面做出的创造性贡献，显然是无可替代的。这也正是古罗马历史在世界史上占有如此重要地位的原因之一。

（杨盛翔）

墨丘利托梦修路：古罗马『阿庇安大道』的故事

我们习惯于用“条条大路通罗马”这句话，来比喻想要做成一件事情方法和途径其实有很多种。这句话真切地反映了古罗马道路发达、交通繁华的“盛景”。

关于修路，古罗马有一个有趣的传说。

据说罗马人的商业之神叫墨丘利，他是天神朱庇特和哺育之神迈亚的儿子，也是朱庇特的信使，负责替朱庇特向其他神以及人间传递信息。因为墨丘利有一项特殊的能力，运动速度非常快，不仅跑起来快如闪电，而且具有极速飞行的本领，他还可以往来穿梭于各地去获取信息，类似于哪里缺什么、哪里盛产什么、哪里的产品质量最好这样的问题，墨丘利几乎时时刻刻都了如指掌。所以他是商业之神，看来古罗马人早就意识到商业的核心要素是掌握信息。就这样，一代又一代的罗马人都成了墨丘利最虔诚的信奉者。据说在罗马还是个小城邦的时候，罗马人就开始供奉神使墨丘利，并将他抬高到了仅次于天神朱庇特和天后朱诺的地位。终于，罗马人的虔诚感动了墨丘利，一天，墨丘利告诉罗马的财务官：

◆ 商业之神墨丘利

“我十分欣赏罗马人的虔敬，今天把致富之道传给你们。致富之道在于互通有无，互通有无的效率决定了财富的多寡，凡人虽身无双翼，但行动的效率却可以通过修筑道路来提高。所以，去修路吧，道路越宽、越平整、越多，你们的财富就会增长得越快。”

听了墨丘利的神谕，这位财务官在不久之后便组织罗马人修筑了一条从罗马城向意大利半岛南方延伸的大道。

当然，这个神话是有人刻意编造的。据说编造这个故事的人，就是那位带领众多罗马人一起修筑第一条大道的财务官——阿庇乌斯。阿庇乌斯为了说服元老院和执政官执行他的修路计划而处心积虑地编造了这样一个神话。在他眼里，他想要修筑的这条北起罗马、南至卡普亚的大道，对于罗马人来说简直太重要了。

在阿庇乌斯那个时代，罗马还只是意大利半岛中西部的一个城邦共和国，虽然在小国林立的意大利半岛上已经算是当时的“大国”之一，但是其势力范围仍然有限，甚至面临着众多对手所发出的严峻挑战。其中，一个让罗马人最头痛的对手就是东边的萨莫奈人。

萨莫奈人擅使弓箭，几乎百发百中，其弓箭手部队的实力完全可以和手执大盾、短剑和标枪的罗马军团平分秋色。起初，萨莫奈人和罗马人为了共同对付北方的强大敌人——意大利半岛上最先使用铁器的高卢人而结成同盟。但随着铁器的推广和高卢人的衰落，罗马与萨莫奈这个同盟很快便由于半岛南部坎帕尼亚地区的归属问题而面临破裂。这个故事是不是有点似曾相识，雅典与斯巴达的关系也是如此反复。

坎帕尼亚位于意大利半岛南部，是一个十分富庶的地区，我们所熟知的庞贝古城就位于这个地区，现在可是个休闲旅游的好去处，那里酿造的葡萄酒可不一般。罗马人和萨莫奈人都对此地区打起了自己的小算盘。然而有所不同的是，萨莫奈人采用了极具侵略性的，以战争为主、外交为辅的手段；而罗马人则采取了以贸易为主、外交为辅的手段。罗马人与坎帕尼亚诸城邦结为同盟，互通有无，互利互惠。然而，贸易往来可不太顺利，因为从罗马到坎帕尼亚的中心城市卡普亚之间的道路十分崎岖，装载货物的马车很容易陷入淤沙和沼泽，而且经常招致萨莫奈小股游击队的抢掠。

有鉴于此，罗马人曾试图派大军一举解决掉萨莫奈人的主力部队。然而，擅长游击战的萨莫奈人不但没有被消灭，反而利用有利地形在一个峡谷包围了罗马军团的主力部队，罗马人大败，萨莫奈人迫使罗马人签订了屈辱的和约。

顽强的罗马人开始卧薪尝胆。前后 9 年，他们重新编组了罗马军团，制定了针对萨莫奈人的战术，准备找准时机，再次与萨莫奈人一决雌雄。然而，在打击萨莫奈人的战略方面，罗马元老院里却发生了激烈的争执。

元老院里，只见将军们痛陈当年脱下盔甲、放下武器、从萨莫奈人用长矛架起的“通道”下方钻过的耻辱场景。他们振臂呼吁，唯有用萨莫奈人的鲜血才能洗刷罗马人的耻辱。将军们的演说结束后，元老院里群情激愤，主张直接杀向萨莫奈人老巢的建议一度占据了上风。就在这时，财务官阿庇乌斯上台发言了。

“公民们！今天距离战败之耻已经整整九年了！九年来，我们停止了一切重大典礼和娱乐活动，专注于军团的训练与战术的发明，难道就是为洗雪我们的耻辱吗？是，但却不仅仅如此，我们伟大共和国的志向绝不仅限于此！我们不仅是为了得到小小的坎帕尼亚，我们更为了能够降服所有的城邦，让战乱频仍的半岛在我们伟大的共和国统治下恢复应有的宁静。另外，大家有没有从战略层面认真地思考过，在面对萨莫奈人的时候，为

◆ 地中海滨的坎帕尼亚

什么我们一开始取得了些胜利，但后来却失败了？不是我们的军团实力不足或勇气不够，实在是因为我们手执巨盾的重装军团，无法在复杂崎岖的地形中追上萨莫奈的轻装弓箭手！将军们，这不是训练或者战术编组的问题，而是我们作为凡人，环境的限制就摆在那里，无法超越。那么，我们就真的拿我们的对手完全没办法了吗？我在神庙苦思冥想这个问题时，我们的神使墨丘利给了我以启示。"

于是，阿庇乌斯便将我们开篇讲到的那个墨丘利托梦修路致富的故事讲给了元老们听，进而补充道：

"我们将大道修到坎帕尼亚，不仅可以巩固我们自己的贸易，增加我们的补给，还有利于我们派兵帮助当地人剿灭那些入侵坎帕尼亚的萨莫奈军队。因此，修筑这条大道对我们来讲，无论是从贸易还是从作战的角度，都是十分有利的。"

说罢，他还将经自己率领民众精心勘察地形后绘制而成的图纸，在元老院中展示了一番。

听了阿庇乌斯的这番有理有据、"有图有真相"的发言，还伴有神使墨丘利的托梦，之前受到将军们鼓动的元老们在仔细斟酌后最终选择了支持阿庇乌斯，就连刚才那些慷慨陈词的将军也随后改变了自己的看法，转而支持阿庇乌斯。于是，公元前 312 年，罗马派出了几乎所有的军团，前去修筑这条通往卡普亚的大道。为什么是卡普亚呢？首先它是坎帕尼亚的中心城市，商业十分发达。另外它也是战略要地，历史上在这里发生的故事有很多，例如罗马与迦太基的第二次布匿战争中汉尼拔和罗马军队都企图占领这里，后来斯巴达克起义也发生在此。

据历史学家研究，这条大道宽约 12 米，相当于现在的四车道，长约 200 多公里，是由四层沙石、混凝土和石块构成的"四明治"结构。路面由巨型石板和石块铺制，巨石与巨石之间严丝合缝，就连军团装备中最锋

◆ 古罗马大道

利的短剑都无法插进去。为了防止路面积水，路面还做成了中间突出，两边略微下垂的弧形，以便下雨时落在道路上的雨水可以直接流入道路两侧的排水沟。

这条由阿庇乌斯精心设计的大道在修筑成功后果然起到了预期的效果，它不仅提高了罗马与坎帕尼亚诸邦之间的通商效率和安全性，还加快了罗马支援坎帕尼亚的行军速度，进而巩固了罗马与坎帕尼亚诸邦之间的贸易同盟。土地贫瘠的萨莫奈人则日趋孤立，在失去了补给来源后，最终只得向罗马请降。罗马人大度地接受了这些曾经给他们带来耻辱的萨莫奈人，将他们一并编入了罗马同盟者军团。后来，罗马人为了纪念那个为大道修筑居功至伟的财务官阿庇乌斯，便用他名字的拉丁转音将这条大道命名为“阿庇安大道”。

◆ 古罗马大道纪念碑

如果没有阿庇安大道以及随后在罗马统治区域修筑的诸多道路，罗马可能永远都是那个小小的城邦，而有了这些以它为中心向周围辐射的道路，罗马才成为我们后来所知道的罗马帝国。至于我们故事中所提到的罗马人与坎帕尼亚还有萨莫奈人或战或和的关系，更是显著地说明了这一点。你的道路能联通到我，我才可能被纳入你的治理体系当中，而你的道路修筑到什么水平，也意味着你的政治势力的强度和开化程度。

从这个意义上讲，是否修路，修什么样的路，交通网络达到了什么水平，本身就构成了一条划分不同文明阶段的分界线。从罗马的“阿庇安大道”，到中国的“丝绸之路”“茶马古道”，每一个交通系统的建立，都是一部文明进化史。我想，这可能才是“条条大路通罗马”这句话背后更为深刻的意蕴。

（韩毅）

隔海相望，不如直接对决：漫长的布匿战争

美丽的地中海孕育了灿烂的人类文明，自古以来也是战争频发的地区，沿岸各国为金钱、土地和荣耀而争斗不止。

在地中海的东部地区，发生了希波战争这样的大战。而地中海西部地区也没太多太平日子过，西部的两大后起之秀罗马和迦太基为争夺地中海霸权相互斗争了一个世纪之久。而这场战争在历史上被称为布匿战争，是因为当时罗马把迦太基称为布匿库斯。

迦太基，相对于罗马是一个陌生的名字，存在于公元前 8 世纪至公元前 2 世纪，在罗马兴起之前的数个世纪里，迦太基一直是地中海西部一个实力雄厚的国家。他们的祖先源自巴勒斯坦，强盛于北非突尼斯境内，与意大利亚平宁半岛隔海相望。

如果我们多看看地中海的地图，就会发现北岸是欧洲，南岸是北非，东海岸就是亚洲地区，地中海是个能联结亚非欧三大洲的内海。迦太基在北非地盘扩张差不多后，因为向南是撒哈拉沙漠，没什么油水，就开始进

◆ 迦太基风格浅彩雕

军地中海北岸的欧洲大陆。为了进行海上扩张，也为了保护立国之本海上贸易，迦太基铆足劲头发展海军。

海军强大起来的迦太基瞄上了希腊手中的西西里岛，先抢了过来。西西里岛是地中海最大的岛屿，在地中海的正中间，控制着至关重要的商业通道，与罗马所处的意大利亚平宁半岛间，只隔着一条三千米宽的海峡。

迦太基夺了西西里岛，罗马人怎么可能乐意。迦太基人势力强大，罗马人刚刚统一了意大利半岛，也不是吃素的，对于国力日盛的罗马人而言，他们也想面向大海扩展自己的地盘，做做国际贸易，却不料一出家门口就遇到迦太基人；而且重视商业是迦太基文明的特点，在地中海的生意场上，迦太基人都是些轻车熟路的高手，罗马人一点儿优势也不占。

那只能动手了。围绕西西里岛，罗马和迦太基之间必然的世纪之战——布匿战争拉开了序幕。罗马人深知自己是群“旱鸭子”，无法在海中与迦太基海军争锋，于是他们就虚心地向同样擅长海战的希腊人求助。

在希腊人的帮助下，罗马海军进步神速。同时他们还发明了一种叫作乌鸦船的战舰。为什么叫乌鸦呢？这种战舰上有一座吊桥，吊桥的尾部有个钩子，好像乌鸦尖尖的嘴一样。在海战中，这个乌鸦嘴一样的钩子勾住迦太基战船，罗马士兵通过吊桥跳到对方甲板上展开肉搏战，充分发挥自己擅长陆地作战的优势。五年的时间里，罗马人终于扭转局面占据优势，迦太基人不得不主动求和，割地、赔款、签订不平等条约，结束了第一次布匿战争。

雄霸北非五百年的迦太基忍辱负重，等待着一场复仇之战。也许是上天眷顾，迦太基诞生了一位军事天才——独眼鹰神汉尼拔。他被西方战史誉为“战略之父”，这个名字影响世界两千年。

汉尼拔出身军事世家，他的父亲哈米尔卡就是第一次布匿战争中对抗罗马人的著名将领。汉尼拔自小就受父亲复仇教育的影响，他学习各种语言，研习兵法战略，并且组织了一支庞大的雇佣兵团。喜欢使用雇佣兵作为军队主力是迦太基在军事上的一大特点，这是一把有利有弊的双刃剑。具体是什么，我先卖个关子。

总之，在条件成熟后，汉尼拔就开始出征罗马了。有了第一次布匿战争的教训，汉尼拔深知迦太基已经不能再在海上和罗马战斗，于是他采取了“迂回”战略，率领军队从伊比利亚半岛，也就是今天的西班牙一路北上，然后向东穿越今天法国南部，再翻过阿尔卑斯山南下，从罗马的北面杀向了罗马。在道路交通设施缺乏、后勤补给原始的时代，这样一个大迂回可是军事史上的壮举。

翻过高高的阿尔卑斯山后，他们只剩下三分之一的人，个个都遍体鳞伤，却也都是经得住考验的精兵强将。罗马人做梦也没想到南边的迦太基人，居然会从北边杀过来，完全乱了阵脚。接下来的一年内，汉尼拔在罗马境内几乎无往不胜。最辉煌的一战莫过于汉尼拔指挥的坎尼战役。坎尼是意大利南部的一个城市，是罗马人的粮仓。

当时，迦太基军队构成十分复杂。有善于长剑的西班牙兵、善于长矛

◆ 汉尼拔率象军翻过阿尔卑斯山

的高卢人、快速冲杀的非洲骑兵、以投掷石块闻名的巴利阿里士兵，总共约 3 万人。而对阵的罗马军团有 8 万人，由相互配合的步兵和骑兵组成。他们都源自罗马，士气高昂，抱着保家卫国、阻止侵略的决心和信念，要与迦太基人决一死战。

情况对迦太基十分不利，他们远道而来，疲惫不堪，既缺军备也缺粮草，况且还是孤军奋战，没有后援。他们能死地求生吗？

统帅汉尼拔信心十足，他事先派出大量的密探，掌握了罗马人擅长的阵形，并有针对性地布置了自己的方阵。汉尼拔还有一个秘密武器——“天兵”助阵，什么是天兵，你一会儿就知道了。

8 月 2 日是汉尼拔选定的大战之日，这时罗马军队在执政官瓦罗的带领下排好阵形，步兵居中，两侧是骑兵。汉尼拔也采取同样的阵形，高卢和西班牙骑兵在左，非洲骑兵在右，他弟弟率领的步兵和投石手在中间。几小时的激战后迦太基并没有占据上风，更糟糕的是来自非洲的努底亚人因为惧怕罗马人，在战争刚开始的时候就缴械投降了。罗马士兵十分轻蔑地说：“哼，雇佣兵都是贪财好利之徒，又怎能与为国家、为荣誉而战的罗马人抗衡呢？”

罗马人将投降的人囚禁在后方的大本营里。迦太基眼看就要撑不住了，可你别忘了，汉尼拔还有天兵呢。中午一过，汉尼拔请的“天兵”到了。这天兵就是狂风。

◆ 坎尼大战

他就像诸葛亮，算准下午将刮起东南大风，特意将自己的军队排列在上风向，背对着大风作战。而罗马军队则迎着狂风，可以说呼吸都变成了一种痛。而且，汉尼拔也变换了阵形，将队伍排成新月形，两翼军队后撤，中间向敌军突出，由大象军团做冲锋军。

巨象几乎刀枪不入，甩着大鼻子就冲入罗马军队。罗马军队本来就被狂风吹得晕头转向，大象一来更是乱作一团，失去防守能力。

这时汉尼拔命令投石手和弓箭手开始射击，石块和箭头在强风的帮助下威力大增，而罗马军队的弓箭手完全失去了作用，被对方射得人仰马翻，四处逃窜。

为了防止罗马人逃跑，汉尼拔命令左翼骑兵迅速围住罗马军队右翼。而此时，罗马军队后方也传来了喊杀声，发出声音的不是别人，正是上午投降的努底亚士兵。他们受汉尼拔之命假意投降，目的就是等罗马军溃乱之时里应外合，围歼罗马军队。我说了，雇佣兵是一把双刃剑，在这个时候显现出了威力。罗马人对他们很陌生，缺乏防备，而他们的假意投降也更容易令人信服。

努底亚士兵来自非洲的土著部落，他们上身几乎赤裸，喊着口号。“杀死罗马人！杀死罗马人！”他们举起藏在裤腿里的自制武器冲杀出来。罗马士兵遭到前后夹击，几乎毫无招架之力。

汉尼拔意在全歼罗马军队。他命令右翼军队围上来，自己带领骑兵去支援努底亚士兵。迦太基军队逐渐缩小包围圈，大量的罗马士兵死于刀剑之下。最后，这场战争一共消灭了 5 万罗马士兵，俘获 2 万多人。迦太基的军队冲入罗马的一些小城邦，抢夺了大量的武器和价值连城的金银宝物。

这场战役大挫罗马军的士气，但汉尼拔军队的情况并不是那么乐观。他们远道而来，后援不足。这个时候，罗马人开始转变策略，据城死守，

◆ 布匿战争场景

保存实力。汉尼拔也暂时停战修整。

此后几年，汉尼拔军队进退两难，情况越来越糟。迦太基国内也惧怕手握军权的汉尼拔借势叛乱，开始猜忌他并且不再提供援助。而那些一度依附汉尼拔的意大利小城邦也渐渐地改变了态度，汉尼拔的军队多是些雇佣军，经常在周边的小城邦里掠夺财物，让小城邦们忍无可忍，这群墙头草又纷纷转向罗马政权。这就是我说的，双刃剑的弊端，雇佣兵终究是为了钱。在战胜过后需要恢复稳定秩序的时期，就必然会惹出麻烦。

无奈的汉尼拔只能命令弟弟马戈回国搬救兵，却不料在回程中了罗马人的埋伏，全军覆灭。

公元前 202 年，罗马人开始反攻，他们在战略上做出了非常高明的选择，分兵向南进攻，罗马的著名指挥官西庇阿直接进军北非的迦太基城市扎马，避敌锋芒，直捣迦太基人老巢。扛不住罗马人攻势的迦太基国王命令汉尼拔率军回国援救，汉尼拔只得千里奔波回国。但这一来一回，汉尼拔的军队实力大为折损，在与罗马军队的对战中战败。

最终，迦太基人只能又一次跟罗马签订和解条约，割让除北非以外的一切领地，赔偿大量财物，还交出了全部的海军。第二次布匿战争仍然以迦太基失败而告终，迦太基为此付出惨痛的代价，不仅损兵折将，还彻底失去了地中海的霸权。

这一次，迦太基人没有再卧薪尝胆，谋划东山再起，反而觉得这些都是汉尼拔的过错，如果不是汉尼拔主动挑衅罗马，就不会惨败。几年后，汉尼拔被流放出国，几经辗转最终服毒自杀。

汉尼拔死后，罗马人已经无所畏惧。后来罗马对迦太基进行了第三次攻击，迦太基人勉强抵抗了三年。公元前 146 年春天，罗马大军终于消灭了这个对峙了 100 多年的敌人，解决了来自地中海南岸的威胁。罗马人和努底亚人共同瓜分了迦太基的领土，俘虏了大量奴隶，摧毁了迦太基所有的建筑。

从此，地中海只有一个强国罗马，这也是罗马由弱变强的转折点，罗马共和国在这期间达到空前繁荣。大量外来财富的涌入，也使得罗马大贵族、大地主拥有更多的财富和土地以及奴隶，这在某种程度上加剧了贫富差距和阶级矛盾，间接解释了为什么在 100 多年后罗马共和国蜕变成了罗马帝国，恺撒为什么会成为独裁者。

（胡晔）

恺撒与庞培的对决：罗马从共和国走向帝国的关键

在经历一个世纪的布匿战争后，罗马终于成长为地中海霸主，地中海变成了罗马人的内海。与罗马军团的威名相比，罗马国内的政治斗争也精彩绝伦，堪比我国的“三国演义”。

公元前 60 年，罗马政坛形成了三头鼎立的局面，这三大巨头分别是克拉苏、庞培和恺撒，三人各有特点。克拉苏是罗马首富，但他的财富是经商赚来的，当时的罗马跟中国古代一样，都瞧不起商人，贵族们不屑于经商，但在克拉苏眼里，只要能赚钱，管他是什么手段呢？他平时投资房产、搞人力资源、开山挖矿，富可敌国。庞培善战，他的父亲是罗马杰出的统帅，庞培自幼就跟随父亲南征北战。父亲去世后，他继承了父亲的衣钵，先后参与攻打西西里、北非、西班牙，立下了赫赫战功，成为可以

◆ 恺撒大帝塑像

左右罗马政局的政治明星。

与他们两个相比，恺撒就稍显逊色了。恺撒虽然出身名门，但是在财富上比不过克拉苏，在军功上竞争不过庞培，有点儿两头够不着。不过恺撒很有政治智慧，善于走群众路线，平时也乐善好施，因此在平民之中具有很高的声望。他们三个势均力敌，谁也干不掉谁，因此表面上结成了政治同盟，但是私下里却都暗暗较劲。

这种三角平衡由于克拉苏的战死沙场而被打破了，罗马政坛只剩下庞培和恺撒双雄并立。此时的庞培年近六十，拥有大量的军队，在罗马和希腊都拥有大面积的领地。恺撒远在高卢行省，大概相当于现在的西欧地区。由于对高卢进行了长达十年的统治积累了大量财富，恺撒已经是名副其实的暴发户，是有钱人，而且还培养了一支训练有素的军队。随着恺撒在国内的声望日高，庞培感到深深的威胁，打算与元老院联手，一起限制恺撒的力量。最好的办法就是让恺撒待在高卢养老，每天老婆孩子热炕头，不要想着到罗马中央来。

这里可能需要和大家科普一下当时罗马共和国的政体。之前大家觉得王政不是一个好制度，于是推翻王政，改由执政官和元老院共同执政，两个执政官搭配几百人的元老院一起行使权力，谁也不能为所欲为。

于是在高卢任职近十年之后，本该回到共和国权力中心罗马的恺撒接到继续留在高卢任职的命令。如果是普通人，会说："这是……什么鬼"，但恺撒是天生的领袖，他很清楚这是庞培开始放大招了。战斗的号角已经吹响。他给元老院回复说："想让我留在高卢可以，前提是庞培跟我一起放弃兵权，否则别怪我拒不从命！"

元老院接到这封言辞激烈的回信后，火冒三丈，立刻宣布恺撒为全民"公敌"，重用庞培并让他保卫罗马。既然已经撕破了脸，恺撒干脆一不做

◆ 雄心勃勃的恺撒大帝

二不休，打着“为人民而战”的旗号，带领大军快速跨过意大利与高卢的边界河。罗马的法律不允许任何驻守外省的将领带兵跨过边界河，恺撒的做法等同于叛乱。

庞培得知恺撒率领大军回国，来不及备战，只得带着自己的全部军队退守到希腊，同时暗中联络罗马贵族进行援助。恺撒进入罗马后，并没有急着追击庞培的军队。他决定先打扫干净屋子，将那些绊脚石统统清除，再跟庞培决一死战。

你庞培不是在西班牙和意大利的势力很大吗？那就先清除这些地区的庞培力量；你庞培不是走贵族路线，和元老院以及罗马贵族一个鼻孔出气吗？恺撒就跟他反着来，将群众路线贯彻到底。罗马这么大，不能只是罗马地区的人才有政治权利啊，恺撒宣布以后各行省的人民拥有和罗马人同样的公民权利。恺撒的群众路线使得他获得越来越多平民的支持。在政治时机成熟后，恺撒开始筹划与庞培的最后一战。

庞培此时驻守在今天希腊法萨罗平原的一处高地上。按理说，他居高临下又兵源充足，这场战役对他来说胜算很大。可久经沙场的庞培，在面对最重要的敌人时却犯了一个愚蠢的错误。他将这场战役看成贵族镇压平民的反叛，端着政府军的架子，一定要从正面击败恺撒，将 4 万人的军队迁到平原处安营扎寨。恺撒开始有点蒙，这个庞培哪根线搭错了呢？居然主动放弃了镇守的战略高地。管他呢，趁庞培还没反悔之前尽快开战。

恺撒当晚就将 2 万士兵安置在庞培军的对面，下令第二天一早发起进攻。为鼓舞士气，恺撒在士兵面前焚毁了自己的军帐，宣告说："今晚我一定要住到庞培的军营里去！"

东方有楚霸王破釜沉舟，西方有恺大爷阵前烧帐，所有的士兵，大家高喊着恺撒的名字奔赴战场。

"恺撒！恺撒！恺撒！"

战争的过程我就不描述了。总之，伟大的恺撒获得了胜利。庞培见自己的军队连连失败，彻底丧失了斗争的勇气，也许已经 58 岁的庞培早已过了斗志昂扬的年纪，不再适合担任前线指挥了。当恺撒冲入敌方军营里时，却发现庞培早已不见了。庞培摘掉了将军徽章，抛弃了他的士兵逃跑了，一点大将的风范都没有。本以为要跟庞培进行一场长期拉锯战的恺撒，面对如此轻易的胜利还有点蒙。而当他又看到庞培军营内丰富的物资时，不禁感叹道："如果没有速战速决，我们的处境将变得非常艰难。"

其实庞培之所以输给恺撒，并不仅是战略战术上的原因。就像前面提到的那样，庞培觉得自己是政府军，把恺撒当成了叛乱分子，这在形势上就是一种误判。或者说，庞培的立场在一定程度上也反映了元老院的立场。

罗马在最开始只是一个小城邦，但是随着时间的推移，在对外征服的过程中获得了越来越多的领土，疆域越来越大。在这种情况下，围绕土地和人口的所有制而产生的矛盾必然会愈演愈烈。罗马元老院秉持他们一贯的贵族寡头立场，强调罗马与非罗马的区别、正统与非正统的区别。即使是罗马以外的贵族，在元老院的眼里，也是他们的奴仆。所以，恺撒之所以会宣布其他行省的人民享有与罗马人民一样的权利，就是在与元老院守旧的治理逻辑相抗衡。

在这场战役中，庞培的军队损失了6000左右的士兵，而恺撒只损失了1200名将士。

那庞培究竟去哪里了呢？感到大势已去的庞培带着自己的几个亲信准备逃亡埃及，但是埃及法老害怕接纳庞培会给本国树立外敌，于是埃及人买通了庞培的亲信，在庞培前往埃及的船刚刚上岸以后，将他杀害。

这位昔日的罗马英雄曾三次获得最高荣誉，在罗马城举行凯旋仪式，三次当上罗马执政官，然而现在竟死得如此凄凉。埃及人将庞培的头颅盛在盘子里送给恺撒，而他的尸体则被胡乱地抛在沙滩上。恺撒听到庞培的下场后，震惊不已，可谁又知道他以后的下场也会和庞培如此相似呢？

恺撒赢得了内战的胜利后，在国内举行了长达十天的凯旋仪式。此后的两年他统一了南北罗马，又连续三次担任执政官，连续两次被任命为独裁官。

恺撒将军政大权集于一身，几乎使罗马完成从共和制向君主独裁制的过渡。恺撒虽然在罗马独掌霸权，但是终生没有带上王冠。他的手下曾为他带上象征王位的花环，但被他拒绝了。可是，还是避免不了贵族们对他要称帝的怀疑。因为他的权力太大了，曾经把持权力的元老院几乎形同虚设，成了养老院。

在恺撒战胜庞培四年之后，同样是58岁的恺撒，在庞培修建的剧院

◆ 恺撒遇刺

回廊下，被元老院的 60 多人刺杀。由于恺撒对罗马做出了卓越贡献，他死后被列入众神行列，尊称为“神圣的尤利乌斯”。而他之后的继任者屋大维沿着他的足迹，最终成为罗马帝国的第一位皇帝，从此开启了罗马帝国跌宕起伏的历史。

（胡晔）

政治与爱情，还真理不清：埃及艳后的三角恋

“北方有佳人，绝世而独立。一笑倾人城，再笑倾人国。”

这是汉代有名的乐府诗。这首诗是形容女子非常漂亮。在古代的北非，真有这样能够倾城倾国的美女，她是谁呢？

两千多年前，有一位女子，人们认为她靠着美色，一度拯救了自己的祖国埃及，甚至差一点儿征服了强大的罗马。法国哲学家大帕斯卡尔也打趣地说：“要是她的鼻子长得短一些，没那么好看，整个世界的面貌都会发生改变。”

这位女子究竟有多么美丽才有这样的力量？关于她的那些奇闻逸事，都是真的吗？

◆ 埃及艳后侧像

这位女子叫克里奥帕特拉七世，是埃及最后一位掌握实权的法老。她还有一个更为人熟知的名号——“埃及艳后”。她的一生很短暂，却有两个男闺蜜，他们就是大名鼎

鼎的恺撒和安东尼。

前面我们说到罗马内战，恺撒与庞培两军对峙，最终恺撒获得胜利，庞培出逃埃及寻求庇护。为什么是埃及呢？当时，整个地中海地区几乎都已变成罗马的天下，埃及是仅剩的几个独立国家之一。庞培以为能够得到埃及的庇护，没想到当政的法老托勒密十三世，听从大臣教唆，这边装着给庞培接风，那边就派人杀死了庞培，还残忍地把他的首级割下，献给了随后赶到的恺撒。

托勒密十三世以为这样做，就能讨恺撒的欢心，可是他算错了。

自古英雄惜英雄，恺撒虽然是庞培的敌人，更是庞培的故交、盟友，他们两个，都是罗马历史上不可多得的政治巨人。当年，为了维护政坛"前三头"的友谊，庞培还娶了恺撒的女儿为妻。庞培再落寞，也不应该以这样一种悲哀的方式离世，更何况杀他的，竟然是小国埃及的一位年轻法老、年仅十五岁的托勒密十三世。这样的胜利，不足以增添恺撒的光彩。

然而，还没有全面结束内战的罗马，需要获得埃及这个地中海粮仓的支持。难道，恺撒只能选择与年少昏聩的托勒密结盟了吗？不，他意外地发现，还有另一个选择。

恺撒在埃及住下不久，一天夜里，手下人忽然禀报，有一位埃及商人请求面见。没想到，商人献上了一卷华贵的毛毯，毯子缓缓抖开，里面不是金银财宝，却是一位美丽的少女。21 岁的克里奥帕特拉站了起来，正值妙龄、明艳动人的她，以这种戏剧性的方式，出现在 54 岁的恺撒面前。

这种俏皮、魅惑、惊艳的出场方式，一下子俘获了恺撒的心。戎马一生的他，内心其实还是一位文艺青年。他在征战间隙写作的《高卢战记》《内战记》，两千年来，一直是西方的经典文学作品。他的心中，并不缺少浪漫情怀。

◆ 纸莎草画中的埃及艳后

但是，恺撒只被克里奥帕特拉的美貌迷住了吗？恐怕未必。

十几年前，英国学者用了一年时间，利用古代遗留的石刻、画像等形象资料，还原了克里奥帕特拉的长相。这是一位具有明显混血特征的女子，她像黑人一样肤色偏暗、嘴唇丰满，却又有白人的高鼻深目，她的容貌的确很漂亮，但是一旦还原出来，也就有了仁者见仁的争议空间。

克里奥帕特拉一定是美丽的，可是恺撒见过的美女难道还少吗？他出身高贵、仪表堂堂、文武双全、挥金如土，年轻时是自带流量的小鲜肉，成年以后变身霸道总裁，身边从来名媛如云。早先，他与庞培、克拉苏结为政坛“前三头”之时，还没等征服另外两位巨头，已经先征服了两位巨头的妻子。当然，这也和罗马上流社会的风气有关。

对政治家而言，爱情是锦上添花的东西，是奢侈品，权力才是必需品。恺撒想必兴致勃勃地和眼前的少女畅谈了一番，他一定发现了，这个女人不简单。

虽惊诧于她的美貌，但恺撒更看重的是她的身份背景。克里奥帕特拉不是一个普通人，她来自埃及托勒密王室。这个王朝并不是埃及本土的统治者。公元前323年，亚历山大大帝驾崩，他的帝国霎时土崩瓦解，亚历山大的大将托勒密一世，以埃及总督的身份割据为王。托勒密家族虽然在埃及生活了二百多年，却努力保留了身上的希腊痕迹。他们的统治者虽然自称法老，也采用埃及的礼仪、风俗，但是宫廷中长期只说希腊语。他们沿袭了古埃及法老的做法，只在王室内部通婚，可是这么做，却又是为了阻止当地人的血统进入王室。

有颜值不可怕，有地位有背景也可以理解，但可怕的是她还有才华。事实上，克里奥帕特拉自幼聪慧过人。她受过良好的希腊文化的教育。罗马人，尤其是贵族阶层，也以学习希腊文化为荣。所以我们几乎可以断定，初次见面的那天晚上，恺撒和克里奥帕特拉的交谈，是用希腊语进行的。她14岁开始就辅佐父亲托勒密十二世处理政务，是一个合格的政治家。正因为如此，父亲去世时，没有将法老的宝座单独留给克里奥帕特拉同父异母的弟弟托勒密十三世，而是安排姐弟俩结婚，共同治理国家，成为埃及统治者之一。

姐弟结婚，在古埃及是源远流长的习俗，并不只是托勒密王朝的个案。克里奥帕特拉的父亲托勒密十二世，也迎娶了自己的姐妹——克里奥帕特拉五世。近亲结婚当然容易造成生理缺陷，所以保存至今的法老木乃伊，往往展现出残疾的体貌特征。比如，最有名的埃及法老图坦卡蒙，就是一个跛脚、龅牙的少年，他的家族成员也普遍患有遗传病。

庆幸的是，这些问题没有发生在集美貌与智慧于一身的克里奥帕特拉身上。克里奥帕特拉与弟弟托勒密之间的这场婚姻是政治的产物，结婚时托勒密仅仅12岁，而且仅仅三年后，姐弟俩就因为权力分配的问题闹掰了。

从托勒密听信臣子之言，杀害庞培一事来看，小法老的政治智慧恐怕令人担心。可他毕竟是男性继承人，在男权社会里，朝廷顺理成章地倒向了他这一边。就在庞培、恺撒相继来到埃及的公元前48年，克里奥帕特拉离开了首都亚历山大。在面见恺撒之前，她正在埃及与叙利亚的边界一带厉兵秣马，准备反攻。

一边是智商堪忧的小法老托勒密，一边是美貌与才华并重的克里奥帕特拉，恺撒毫无疑问选择了后者。

恺撒先是装作看不见姐弟间的争执，邀请克里奥帕特拉回到亚历山大，恢复姐弟共同执政的局面，然后趁着托勒密不满之际，以托勒密煽动暴乱、背叛罗马为由，不费吹灰之力，就把他赶下了台。托勒密战败逃跑，竟然在埃及的母亲河尼罗河里淹死了，这个倒霉蛋就像历史的跑龙套，领了盒饭，退出了舞台。

恺撒把克里奥帕特拉扶上了法老的宝座。他的选择是正确的。内乱之中的罗马，暂且不需要吞并埃及，通过政治联盟和个人的感情纽带，让埃及忠于罗马，提供财富和粮食，对于当前的罗马来说，更为重要。

公元前47年，在与克里奥帕特拉缠绵之际，恺撒不忘抽空去了一趟小亚细亚，击败了另一个东方劲敌本都王国。正是在这场战争结束后，恺撒在给元老院的报告里，写下了千古名句："我来，我看见，我征服。"

而顺利征服小亚细亚的前提，是近在咫尺的埃及，充当了后勤保障的基地。

恺撒与克里奥帕特拉甚至有了一个儿子，恺撒以自己的名字，把儿子命名为恺撒里昂。要知道，恺撒一生中有一个女儿，一个养子，即屋大维，但只有这一个嫡出的儿子。这时的克里奥帕特拉，似乎不仅保住了埃及的独立，还几乎触摸到了罗马的权力顶峰。

公元前45年，克里奥帕特拉应邀访问罗马，下榻在恺撒的私人宅邸里，俨然要坐上罗马第一夫人的宝座了。然而，一切美好的设想，都因为公元前44年3月15日的那场暗杀而改变了。

恺撒死了，巴结他的人，转眼抛弃了克里奥帕特拉，敌视他的人，则正好把克里奥帕特拉母子的飞黄腾达，解释为恺撒背叛罗马的罪证。克里奥帕特拉低调地返回了埃及，才25岁的她，已经两次经历了人生的大起大落。可是好戏还远没有结束。

恺撒死后，罗马一度出现权力真空。杀死恺撒的布鲁图斯没能站住脚跟，恺撒最信任的军官安东尼，与恺撒的养子屋大维，瓜分了罗马的权力。两人把罗马的疆域一分为二，屋大维统治地中海西部，安东尼统治地中海东部。

安东尼追随恺撒多年，他早就多次目睹过克里奥帕特拉的风采，两人之间必然是认识的，但那时，他还只是恺撒手下的骑兵统帅，他心中的碎碎念，没有人会注意。现在，他以进攻帕提亚人（我国古书中的安息帝国）为由，召唤克里奥帕特拉，约定在今天土耳其南部的塔尔苏斯见面。安东尼给自己找了一个冠冕堂皇的理由，罗马大军远征两河流域，需要埃及像之前那样，提供粮草军费。他心里的小九九当然就是和美女在一起了。

也许克里奥帕特拉已经对此心领神会。公元前41年，她在土耳其见到了安东尼。克里奥帕特拉的出场哪儿像是来商谈粮草的，她出现时，乘坐一条豪华无比的游船，船舱用金箔包裹，船帆用进口的推罗（今黎巴嫩）染料染成了紫色，阳光反射在船上，与地中海的碧波交相辉映。克里奥帕特拉本人打扮成维纳斯女神，若隐若现地安卧在薄纱后面，连侍奉她的童子、女仆，也扮作爱神丘比特和海中仙子。安东尼神魂颠倒地上了船，喝了克里奥帕特拉斟的酒，聆听她优雅的谈吐，哪里还顾得了国家大事，与帕提亚人的外战，与屋大维的内斗，早就抛到九霄云外了。

相比恺撒，我们更有理由相信，安东尼是对克里奥帕特拉动了真感情。安东尼是一员虎将，但不是一个很有政治头脑的人。他得到恺撒的旧情人后，当真抛弃了自己的妻子，转而与克里奥帕特拉结了婚，两个人还有了三个子女。要命的是他的妻子是屋大维的姐姐屋大维娅。他们的结合，并不只是一场普通婚姻那么简单，它是安东尼与屋大维瓜分罗马，相互间缔结同盟的象征。安东尼不惜以同盟破裂为代价来迎娶克里奥帕特拉。

还有一个理由，可以佐证这一点。我们愿意相信，恺撒对克里奥帕特拉也曾付出一片真心，但事实就是，恺撒在遗嘱里详细安排了自己所有遗产的去向，给屋大维四分之三的财产自不必说，连献给罗马人民的花园和钱款，都罗列得井井有条。可是，他一句都没有提到他和克里奥帕特拉的孩子——恺撒里昂。

可惜安东尼的这份深情并没有换来幸福，最终甚至还搭上了自己的性命。他被罗马抛弃的转折点，就是被屋大维窃取并公布了自己的遗嘱。在这份遗嘱里，安东尼把罗马在东方征服的土地，慷慨地赠送给了克里奥帕特拉及其子女，甚至让克里奥帕特拉把自己的遗体安葬在埃及。屋大维公布安东尼的遗嘱后，国内舆论一片哗然，元老院和罗马人民彻底倒向屋大维，安东尼的战败此时便已注定。

公元前 31 年的亚克兴海战，是屋大维与安东尼的决战。虽然剧本的走向已无悬念，克里奥帕特拉还是用她的任性，在剧本的最后，留下了自己的一笔。双方激战正酣的时候，克里奥帕特拉突然撤离战场，返回埃及，个中缘由，让众多史家不得其解。

更令人称奇的是，痴情的安东尼竟然立刻抛下舰队，任其被屋大维歼

◆ 安东尼密会克里奥帕特拉

灭，自己尾随克里奥帕特拉而去。公元前 30 年，安东尼和克里奥帕特拉，像是困处垓下的项羽和虞姬，被屋大维的大军团团包围在亚历山大。只是这一回，先撒手而去的人，换成了男方。安东尼知道大势已去，顿时心灰意懒，挥剑自刎。

克里奥帕特拉无路可退，被攻入城内的屋大维擒获。据说，克里奥帕特拉临死前，企图以自己的美貌引诱屋大维，没想到，被屋大维义正词严地拒绝了。绝望的克里奥帕特拉，让侍女们把一条剧毒的小眼镜蛇，藏进装无花果的篮子里，悄悄送进宫来，接着她与两位侍女一起，用毒蛇结束了自己的生命。而随着埃及的亡国，屋大维完成了罗马统一地中海的霸业。四年后，他成了罗马帝国当之无愧的开国之君。

然而，历史学家一直怀疑，最后的这一段故事，多少经过了屋大维的篡改。这么写，把克里奥帕特拉写成了纯粹利用美色上位的妖妇，也把安东尼，甚至恺撒，写成了无法抵御美色的失败者。而屋大维则摇身一变，成了不为美色所动、一心励精图治的明君。

克里奥帕特拉是否自杀的，至今仍然存在争议。许多历史学家相信，她其实是被屋大维处死的。

这是因为，科学实验证明，眼镜蛇每次喷出的毒液是有限的，每次攻击结束后，都需要休息，很难一次咬死三个成人。此外，毒液进入人体之后，需要几十分钟，甚至几个小时才能导致死亡，很难相信，处于严密监视之下的克里奥帕特拉，竟有这么充足的时间，带领两名侍女完成自杀。

况且，屋大维有必须杀死克里奥帕特拉的理由。屋大维的上位，得益于他以养子的身份，继承了恺撒的政治遗产。可是，克里奥帕特拉曾经为恺撒生下唯一的儿子，也就是说，这个名叫恺撒里昂的男孩，是恺撒唯一嫡出的继承人，在继承顺位上，比屋大维还靠前。如果这对母子活下去，将来势必要威胁到屋大维的宝座。于是母子两个必须死去。

这就是克里奥帕特拉的一生，作为一个弱国的君主，她拼尽全力，甚至不惜出卖自己的爱情，去维护埃及的独立，却终究无力回天。她死去后，埃及并入罗马，独立的埃及一去不复返了。她的一生不仅见证了埃及的沦陷，也见证了罗马从共和国走向帝国的过程。

她很可能确实很美，但她与恺撒、安东尼的感情纠葛，绝不只是外表的吸引那么简单；反过来，屋大维对待她的残忍，也不是因为那时的她已经徐娘半老：三位罗马政治家对她的爱与恨，都多多少少掺杂有复杂的政治考虑。但悲哀的是，在传统男权社会里，每当女人展现出非凡的才华和抱负时，男人便会一厢情愿地认为，这个女人是狐狸精，只是依靠美色引诱了男人而已。

克里奥帕特拉如此，吕雉、武则天又何尝不是如此呢？

（杨盛翔）

西塞罗与奥勒留：罗马哲人的『斜杠人生』

罗马共和的时代里，出现了太多璀璨夺目的文化巨星。其中最有代表性则要属西塞罗了。

西塞罗比起拿破仑、托尔斯泰、歌德等来说，似乎离我们更为遥远，也更为陌生。但是如果你读过斯蒂芬·茨威格的《人类群星闪耀时》就会发现西塞罗相比于他们一点儿也不逊色，甚至透过两千多年的时间屏障，我们还是能感受到他在人类文明进程中的巨大推动作用。

西塞罗不但是一位杰出的政治家和哲学家，同时还是西方影响最大的演说家和修辞学家。西塞罗于公元前 106 年出生于意大利一个小镇。据说他的母亲在生他的时候梦见了一个预言，预言说这位即将诞生的婴儿会是一位造福罗马的大人物。

◆ 西塞罗大理石半身像

果不其然，年幼的西塞罗展现出极高的天赋，很快就成为学校里最优秀的学生。他的祖父务农，还停留在平民阶层，但与贵族关系较好。到了他的父亲这一辈，进入了骑士阶层，但父亲身体不好，没有大展宏图的资本。可以说他能够跻身上层社会，进入罗马共和国的管理高层，全靠自己的努力和才能。公元前63年，西塞罗成为当时近30年来第一个通过选举当选为执政官的人，打破了古罗马政治领域被几大家族垄断的局面。在执政期间，他靠着自己杰出的政治才能和能言善辩的口才，帮助罗马共和国度过了一个又一个的劫难。他的一系列作品，至今仍是常读常新的文化杰作。

可惜花无百日红。罗马共和国虽然政治清明，管理有序，但依然不可避免地走向了衰落。原因在于传统的共和体制已经无法适应新的政治形势了。罗马的版图越来越大，吸纳的人口越来越多。这些人来自不同民族，具有不同的生活方式与宗教传统，而罗马缺乏统一超越的意识形态来统合这些新加入的人民。

日益扩张的罗马，随着差异性日渐加深，内部撕裂的危机越来越大，亟须具有绝对权威的元首在政治制度和意识形态上进行统一的管理。而在罗马传统共和制中，最高统治者并不具有绝对权威，而是受到法律与人民的束缚与限制。所以，和西塞罗同时期的罗马领袖安东尼谋求集中权力，获得独裁者的地位，这并不仅仅只是出于个人野心。

可是由于受到共和传统的影响，罗马人一直高度警惕权力过于集中，西塞罗身为共和制度的捍卫者，支持古罗马宪政制度，自然很快注意到安东尼的动作。为了阻止安东尼获得更大的政治权力，西塞罗发表了一系列演说。

在这些演说中，西塞罗痛骂安东尼，并且还指责元老院过于懦弱、虚伪，对安东尼采取妥协的态度。西塞罗激情四溢而又雄辩地指出，安东尼

◆ 西塞罗演讲

的政治权力，都是依靠暴力获得的，所以根本不合法，也根本不应该受到任何人的尊重。

这一系列演说取得了极大的成功，这一方面让元老院看到了希望，另一方面却让安东尼非常恼火。毕竟，西塞罗是当时最受罗马人爱戴的政治领袖。可是西塞罗最大的短板在于，他出身平凡不是贵族，手中并没有任何军事权力。公元前 43 年，安东尼手下的军事集团接管了罗马，并对所有支持共和制度的人大开杀戒，而首当其冲的就是西塞罗和元老院。

为了尽快消除西塞罗的政治影响，安东尼宣布，西塞罗不再受任何法律保护。这意味着任何人都可以随意杀死西塞罗而不受法律制裁。

为了逃命，西塞罗急忙踏上了前往马其顿避难的道路。可惜他终究没有躲过追兵的袭击，被杀死在了逃亡的路上。他的头还被割下来悬挂在罗马城市广场，以儆效尤。

罗马共和制就此彻底消亡，而一代政治领袖和文化巨星也随之陨落。

我们一方面为西塞罗的不幸结局感到难过，另一方面也不得不承认，传统的共和制度的确很难再适应罗马日益复杂、多元的新格局、新形势了。毕竟此时的罗马，已经不再是起源于意大利地区的地方势力，而是成为环绕整个地中海地区的多民族、多信仰的大国。共和罗马开始一步步走向了帝国罗马。只有帝国模式，才能真正统一与管理如此多元和复杂的国家。

继安东尼之后，屋大维确立元首制度，罗马终于成为名副其实的帝国，并涌现出一大批杰出的皇帝。在这些皇帝中，最有趣的恐怕就是马可·奥勒留了。

哲学家们从柏拉图开始就有一个奢望，想把统治者和哲学家结合起来。柏拉图说："或者让哲学家担任君王，或者让君王学习哲学，才能把一个城邦治好。"他希望栽培这样的君王，结果以失败收场；亚里士多德栽培了亚历山大大帝，但这个君王跟哲学关系不大。后来有不少人给君王当顾问，当老师，提供一些建议，但是真正具有这双重身份的只有奥勒留。

之所以说奥勒留是一位有趣的皇帝，在于他虽然拥有至高无上的权力，内心却毫无波澜，并且始终以一位哲学家自居。他可不是业余爱好者，堪称专家级别了，除了作为皇帝青史留名，还创作了不朽的哲学名著《沉思录》流传后世。

奥勒留于公元 121 年出生在罗马。从 161 年到 180 年他当皇帝的时间长达 20 年。在电影《角斗士》中，电影开场罗马军队与蛮族作战时，那位穿白袍的老皇帝便是他。他那句"不要满不在乎地过日子，好像你可以活一千年似的"，不知激励了多少人把握时间，努力学习。

在奥勒留的时代，罗马帝国已经横跨欧亚非三大洲，整个地中海地区都是罗马人的天下。可与此同时，帝国内部潜伏着各种各样巨大的危机。其中最大的危机便是，帝国统治之下的人民彼此差异太大，很难互相融合。罗马帝国被迫一步步从对外扩张，走向了收缩战线、巩固统治的道路。

◆ 奥勒留雕像

本来对从政并无多大兴趣的奥勒留，却因为帝国的统治需要，坐上了皇帝的位置，疲于应付四处爆发的战争。

不但如此，奥勒留在前线指挥作战之际，还始终忍受着病痛的折磨。还好奥勒留始终都有哲学陪伴在身。即便骑马打仗的时候，他也从不忘记在战争间隙思考哲学问题，并随手把自己的想法记录下来。

在他的笔下，世界永远处于生生不息的变动之中，没有任何事物可以永恒。尽管他身为一国之君，却早就看透了人世的宿命。无论是万里江山，还是豪华的王宫，甚至是自己强壮的身躯，都逃不过灭亡的结局。可愚蠢的世人却往往把自己的幸福建立在这些虚幻的事物之上，过着自欺欺人的生活，徒劳地追逐着必将消失的财富、权力与名声。

奥勒留发现，真正的幸福乃在于心灵的平静，而不在于物质和权力的满足，因为只有心灵的平静才是真正稳定而永久的幸福，才是人能够真正把握并且永不会丢失的财富。

正是靠着哲学的强大力量，奥勒留才能够在各种诱惑面前，始终保持冷静而理性的心态，并由此成为西方历史中不可多得的贤君。

尽管对打仗没有兴趣，奥勒留却也成功指挥了不少战争，病痛的折磨也没有打垮他。面对死亡的临近，奥勒留显得异乎寻常的冷静。在战争硝

◆ 奥勒留骑马雕像

烟四处弥漫的前线，他深知自己将不久于人世，便将自己的随从召唤到面前，向他们逐一交代如何在他死后继续打赢战争，巩固统治，管理好庞大的罗马帝国。

在此后的数日，奥勒留坚决拒绝任何治疗，也不允许人们给他必要的食物，他认为这些徒劳的挣扎只会增加生命的痛苦。就这样，奥勒留安静地走完了自己59岁的一生。

果然如奥勒留所言，天底下的事物没有一样可以永垂不朽。在他去世之后，尽管罗马帝国曾有一段相对和平与繁荣的时期，但终究抵不过时间和岁月的洗礼。最终在公元5世纪（476年）时，罗马帝国因不敌蛮族入侵，消失在了历史的长河中。后来，罗马东部的帝国版图仍然维持了长达一千年的统治，史称拜占庭帝国，但也在15世纪走向了毁灭。

（雷思温）

条顿堡森林战役：用战争给罗马人建立了边界

我们前面已经讲到，罗马打败了迦太基人，成为地中海当之无愧的老大哥。如果仅仅蜗居在地中海称霸，那就不叫作罗马了。这一次他们的铁骑开始向北，罗马帝国的北方是日耳曼人的地盘。那时候日耳曼还处于部落统治时期，他们在先进的罗马人眼中简直就是茹毛饮血的蛮族。但冷兵器时代，历史的玄妙之处就在于更多的时候文明未必斗得过野蛮。蒙古征服南宋，清取代明，阿提拉横扫基督教世界，莫不如此。这不，神圣的奥古斯都大帝屋大维偏偏就在蛮族日耳曼这里碰了钉子。

事情还要从公元 9 年说起。当时的罗马已经占领了大部分的日耳曼部落。不过罗马人对日耳曼人的统治十分残暴，不仅让他们奉献士兵和奴隶，还向他们征税。此时罗马驻守日耳曼部落的最高长官叫瓦卢斯。小瓦同志是名门之后，他的爷爷就是跟埃及艳后有着旷世绝恋的安东尼。公子哥小瓦爱打仗更爱享受，为了满足自己的奢靡生活，他对日耳曼人相当苛刻。面对罗马人的压榨，日耳曼人敢怒不敢言，因为罗马派了五个军团驻守在日耳曼地区，想跟罗马斗根本就是鸡蛋撞石头。

◆ 日耳曼人插画

可是有个人注定是为改变日耳曼人的命运而生，也注定为改变罗马帝国的版图而生，他叫阿米尼乌斯。日耳曼人的后裔，德国人称呼他为赫尔曼，在这里我们就叫他小米吧。小米是日耳曼一个部落首领的儿子，部落被罗马人占领后，他的父母就被当成人质软禁在罗马。

小米在罗马出生长大，接受教育，从未回过遥远的日耳曼故乡。也许他骨子里就是一个军人，从小就显示出过人的军事天赋，骁勇善战。他曾经参加过罗马人镇压起义军的战争，由于表现优秀，还被罗马人授予了高级骑士的军衔，这可是外族人在罗马可以获得的最高军衔。如果他没有被派出远征，也许他可以凭借自己的聪明智慧在罗马安享一生，可是他偏偏遇见了瓦卢斯，成为瓦卢斯的手下。

公元 9 年，小米被编入了瓦卢斯的军队，由于才华过人深得瓦卢斯的赏识。瓦卢斯让他指挥一支由日耳曼奴隶组成的军队，并把他派到了日耳曼地区。这是小米第一次回到自己的故乡，当他渡过莱茵河，看到了许多与自己相似的面孔，听见了父母日夜思念的日耳曼乡音的时候，他突然意识到，这才是属于他的地方。可是造化弄人，小米第一次来到故土居然是以侵略者的身份。他亲眼看着瓦卢斯残暴地对待自己的族人，辱骂他们：

“你们这群没有文化的野蛮人！”

当他奉命向自己过去的部落以残暴的手段收缴税款和粮食的时候，他感到痛苦无比，他本应该是这里的王子呀！可是此刻，他居然代表罗马统治者奴役自己的同胞。在日耳曼的这段岁月，深深地刺痛了小米。他决定为自己的民族而战，要带领日耳曼人击退罗马人的统治，做自己的主人！

阿米尼乌斯的痛苦与觉醒，并不仅仅是他个人命运的改变，同时也是日耳曼民族意识的觉醒。

小米选择了卧薪尝胆外加合纵连横。他首先继续潜伏在瓦卢斯身边，投其所好，想尽办法取得瓦卢斯的信任。接着，他开始暗中联系日耳曼的各个部落，游说他们联合起来一起反抗罗马人，逐渐扩大日耳曼人的力量。

就这样，小米的力量逐渐壮大起来。这年 9 月，因为冬季即将来临，瓦卢斯需要把大军带回驻地。

他打算经过日耳曼人的部落，名义上是检查日耳曼人“文明的进程”，实则是要掠夺冬天的储备粮食，同时向日耳曼人展示罗马人强大的军队，震慑日耳曼人。

9 月 9 日这天，近 3 万名罗马军队行军到条顿堡森林的峡谷内，这条道路异常难走，一边是大片石灰岩山坡，另一边是沼泽地。由于道路过于狭窄，罗马大军不得不改变原有队形。原来负责在两翼进行掩护的轻骑兵被调到最前边开路，队伍的顺序变成了轻骑兵、重骑兵、轻步兵、重步兵，破碎的地形让军队的队形开始变得分散，存在被各个击破的危险。突

◆ 条顿堡森林

然间，雷声大作，像战鼓般轰鸣，紧接着是瓢泼大雨，这让森林里的小路更加难走。罗马人的队伍几乎寸步难行，士兵们开始有了畏难情绪，甚至认为这些都是不祥之兆。

坏天气加上士兵们的消沉让瓦卢斯很是恼火，他开始斥责起士兵们来：

“前进！继续前进！你们这群废物！”

让他火上浇油的是，一向善于察言观色的小米此时也带来不好的消息，小米报告说：

“大人！远方似乎有一队敌军正在埋伏着！”

正在气头上的瓦卢斯根本没有心情思考情报的真假，冲小米挥了挥手，让他率兵赶走敌人。小米继续不依不饶地提要求：

“大人，我要带走前方所有的轻骑兵和重骑兵！”

听到这里，瓦卢斯再也忍不住了，冲小米怒喊：

"随你的便，你要是打败了，我就要杀了所有的日耳曼人！"

小米心中窃喜，他本来已经让日耳曼人埋伏在峡谷两边的高山上，准备突袭瓦卢斯大军。可没想到天公作美，这个大雨真是助了他一臂之力。小米立刻带走了罗马军中善于突袭的骑兵，在这之后他就玩儿起了失踪。实际上他只是远离了罗马的军队，站在高处，观察瓦卢斯军队的行踪。他看见瓦卢斯大军慢慢前行，就命令高山上的日耳曼士兵抛下大石头，罗马大军这时才意识到自己中了埋伏。

一切抵抗都已经太晚，罗马主力军虽然是训练有素的步兵，但他们的优势是整齐划一的战略方阵，而天然的峡谷、破碎的地形瓦解了他们的战斗力，让他们难于集中，反而更容易被游击队伍各个击破。而让他们引以为豪的先进武器，重型盾牌、长矛和弓箭，在正面对抗中会有优势，但是在狭窄山间的游击战中却都变成了累赘。

日耳曼人虽然没有铠甲，但是他们熟悉地形，装备轻便，可以以部落为单位打游击战。一部分日耳曼人守在峡谷的两端困住罗马军，让他们逃不出去，其他的分队从山坡冲下来，在狭窄的小路上奋力截杀笨重的罗马兵。罗马人避不开攻击，很多人都逃到了沼泽地里，随后被沼泽吞噬。

经过长达 30 多个小时的战斗，罗马人全军覆没。瓦卢斯知道自己大势已去，他和几个副将都用剑自杀了。

他的头颅在日耳曼部落内展示了一圈，才被送回罗马。虽然剩余的罗马士兵坚守最后的阵地，血战到底，但最终寡不敌众，永远留在了这段峡谷之中。

条顿堡森林战役对于罗马人来说是百年不遇的失败，罗马人感到非常耻辱。屋大维在得知这不幸的消息后，一连几个月不理发，不刮胡须，不洗脸。他像丢失了心爱玩具的孩子那样，反反复复地对着空中喃喃自语：

◆ 条顿堡森林战役

“瓦卢斯，瓦卢斯，你把我的军团还给我！”

这句话成为后来欧洲君主战败后的口头禅。因为第十七、十八、十九军团全军覆没在条顿堡森林中，所以罗马人认为这三个号码是不吉利的数字，罗马军方从此不再使用第十七、十八、十九军团这三个番号。

小米终于实现了自己的愿望，将罗马人赶出了日耳曼的领土，日耳曼民族为了纪念阿米尼乌斯，在条顿堡森林铸造了一座 53 米高的青铜雕像，他被视为日耳曼民族的解放者。

这次战役是罗马帝国第一位皇帝屋大维一生中最惨痛的失败，也是古罗马最强盛时代所遭到的最惨痛的失败。它使强大的罗马向东北扩张的步伐戛然而止，莱茵河成了罗马和日耳曼的分界线，西方文明的版图大致形成。很多历史学家戏称：如果没有公元 9 年 9 月 9 日的那场大雨，也许罗马帝国就会统一整个欧洲，也许西欧历史就会被改写，也许人类的历史也会被重写。

（胡晔）

西哥特人攻破罗马城：『永恒之城』的倒掉

前面我们知道，在条顿堡森林一战中罗马人遇到日耳曼这个钉子户，怎么也打不到莱茵河东岸，被迫停止了扩张的步伐。也许这次战役就已经预示罗马人未来的命运了——日耳曼人天生是罗马人的克星。不过条顿堡森林一战后，罗马与日耳曼人还是以莱茵河为界相安无事了 100 多年。

一切帝国总逃不过盛极而衰的命运，罗马也不例外。4 世纪中期开始，罗马帝国就长期内战不断，同时代的中国也是深陷魏晋南北朝的分裂征战之中。到了 4 世纪末，罗马帝国最后一个皇帝在临死前，把国家分成东罗马和西罗马，分别传给两个儿子。东罗马以君士坦丁堡为中心，西罗马以罗马城为首都。就这样辉煌了三个世纪的罗马帝国走向了分裂。此后罗马帝国走向了衰败。

在罗马帝国衰落的同时，它眼中的蛮族日耳曼人却不断发展壮大。日耳曼人的一个分支西哥特人成为冉冉升起的新星。西哥特人本来住在罗马帝国的北边，但是那里气候恶劣，土地贫瘠，不适宜居住，再加上从东边

◆ 罗马军队和蛮族作战的场景

来的匈人隔三差五地骚扰一下，西哥特人就想着另寻宝地。而此时罗马好似一块大肥肉，有灿烂的文化、温暖的气候、肥沃的土地和优良的港口，没事还能在地中海边晒晒太阳，度个假，这一切在西哥特人眼中都是那么具有吸引力。

而更加让人心动的是，罗马此时已经日落西山了。趁着罗马的虚弱，西哥特人开始不断地进攻罗马，不过政治新星的力量还不足以扳倒罗马这个大个子。而罗马人也没法彻底消灭西哥特人。最后双方一合计，谁也别打了，能不能签署一个和平条约啥的。双方就罗马与西哥特的边境问题进行了亲密会谈，会谈结果如下：罗马人允许西哥特人居住在罗马境内，而西哥特也承认了自己是罗马的同盟国。

西哥特人很珍惜成为罗马盟国的机会，可是骄傲的罗马人怎么可能平等地对待蛮族呢？所以这个和平协议只是西哥特人的一厢情愿罢了。作为罗马的盟国，西哥特人尽力做到盟国的责任。在罗马皇帝镇压叛乱者的时候，哥特人一马当先，为皇帝出力。

西哥特首领叫阿拉里克，他带领军队奋勇杀敌，完全不计较西哥特人的得失。西哥特人冒着血雨腥风为罗马人立下的汗马功劳，在罗马贵族眼中什么都不算。罗马元老们甚至认为，他们让西哥特人在罗马安家已经是对他们最大的施舍了，西哥特人奋勇杀敌只是对罗马人的报答而已。罗马人自始至终都没有摆清楚自己的位置，以为自己还是曾经强大的罗马。可是时过境迁，西哥特已经不是曾经弱小的西哥特了。时间长了，西哥特人彻底明白了，无论自己怎么努力都没法让罗马人平等地对待自己，那就只好兵戎相见了。

“我要让罗马人为他们的愚蠢和自大付出代价！”

阿拉里克决定用武力解决西哥特和罗马之间的矛盾。他先将目光锁定在东罗马，准备直接进攻都城君士坦丁堡。

可是君士坦丁堡的城池修建得太坚固了，阿拉里克怎么也攻打不下来，只能转而进攻东罗马的其他领地。几年的工夫，东罗马大部分区域都留下阿拉里克劫掠的痕迹。不过阿拉里克和东罗马始终是势均力敌，谁也干不掉谁。这样僵持下去也不是个办法，思来想去之后，阿拉里克决定放弃进攻东罗马，转战西罗马。

从战略上说，这个决定是明智的，因为当时西罗马弱主当权，国内政局非常不稳定，边境正不断受到其他部落的骚扰。这次战役的开始也算顺利，阿拉里克成功地将西罗马皇帝赶出了皇宫，但是当时辅佐皇帝的斯提里科将军可不是好惹的主，他看到皇帝被赶走后，以牙还牙地把阿拉里克的妻儿俘虏了，财物也被斯提里科抢劫一空，阿拉里克不得不退守到阿尔卑斯山内的一个小部落里。

这一轮交手，以西哥特人战败而告终。但是夺妻之恨怎能不报，阿拉里克一直没有放弃反攻西罗马的愿望。整整四年的时间里，他耐心地养精蓄锐，操练士兵，等待着血战的时刻。

机会终于来了，东罗马和西罗马俩兄弟为了争夺一个行省发生冲突。为了与东罗马抗争，西罗马必须找到一个强大的同盟。这时，斯提里科将军想起了曾经败在他手下的西哥特人。他独自深入阿尔卑斯山，与阿拉里克彻夜长谈，甚至许诺给西哥特人大面积领土，并与他们共同治理国家，不分尊卑。经过前几轮交锋，阿拉里克深刻地意识到，无论要打败西罗马还是东罗马都不是容易的事情，所以与斯提里科结盟是眼前最好的一个机会，于是他同意了西罗马的请求。

但是谁能想到西哥特人又被罗马人摆了一道。就在双方的联盟军准备共同迎战东罗马的时候，西罗马边境又有蛮族入侵，斯提里科撇下了阿拉里克独自应对东罗马大军，自己撤军镇压边境冲突去了。落单的阿拉里克根本不是东罗马的对手，他又一次战败。阿拉里克内心将罗马人骂了一万遍：

“这群不讲信用的家伙，把我当枪使啊，罗马人绝不可信，必须要彻底除掉罗马人。”

正当他策划如何复仇的时候，传来了一个惊人的消息：斯提里科将军被罗马元老们逮捕处死了。

斯提里科被处死了。为什么？原因和历史上多次发生过的一样：功高盖主。因为斯提里科长期手握重兵，一些元老为保自身地位，设计将他

◆ 罗马城被西哥特人攻破

处死。

西罗马本已奄奄一息，这下自己的内讧把国内最伟大的将领杀死了，那阿拉里克又何所畏惧呢？他蛰伏多年，为的就是这一刻。

公元 408 年，阿拉里克带领大军进攻罗马城，此时的罗马城失去斯提里科，防守能力一落千丈，阿拉里克轻而易举地围困了罗马城。他率领大军在罗马城外转了一圈，大部分城外的罗马士兵就弃械投降了。

此时的罗马在阿拉里克眼里就像一座脆弱的玻璃城，可他不想被后人称为“残忍的屠城者”。所以阿拉里克在城外截断了罗马的水源，借此警示罗马元老们认清现状：

“投降吧，我们会善待俘虏，不要再做无谓的坚持。”

但是想不到的是，这场围城谈判持续了两年之久，阿拉里克彻底失去了对元老们的耐心，终于突破罗马城的脆弱防守，挥军进入罗马城内。

◆ 西哥特人首领阿拉里克一世突发急病身亡

阿拉里克的军队在罗马城内洗劫了三天，抢夺了大量财宝，但是他们并没有毁掉罗马城内的建筑，甚至对教堂严加保护。他们尊重修女和知识分子，也不抢夺小生产者和商贩们的财产。他们只是焚毁了元老院，借此出了一口恶气，然后就带着胜利品回到了自己的属地。

正因如此，他们也被后人称为“文明的强盗”。罗马城是罗马人的精神核心，被攻破后西罗马名存实亡，再也无法恢复以往的辉煌，苟延残喘的西罗马在公元 476 年灭亡。

你可能会觉得奇怪，为什么同样是统一的罗马帝国的一部分，东罗马帝国却比西罗马帝国多存活了 1000 年？难道仅仅是因为西哥特人吗？我们这里先暂且不谈东罗马为什么能坚挺千年，我们主要来探讨一下到底是什么因素，造成了西罗马帝国比东罗马帝国提前灭亡那么久。

首先，在分裂前，当时的罗马帝国就已经危在旦夕了，长年累月的内战致使瘟疫横行、经济凋敝、军人锐减。同时边境有大量强大的蛮族部落对罗马帝国虎视眈眈，甚至有一些蛮族，比如西哥特人，已经带着整批整批的军队定居在罗马帝国境内，而帝国内部也有大量蛮族人在军队和政府中。而此时的东方还有国力处于上升状态的萨珊波斯帝国，而在遥远的东北方，强大的匈人游牧部落也在缓缓靠近帝国边境，同时还伴随着大量被他们驱赶或奴役的其他蛮族部落。在这样的情况下，无论是西罗马帝国还是东罗马帝国，都面临着空前的危机。

其次，从地形上来看，西罗马帝国的国防压力，其实远大于东罗马帝国。西罗马的边境，从高卢到潘诺尼亚，全都可以靠两条腿走过去，也就是说，对于西罗马帝国而言，这相当漫长的边境线，全都需要重兵把守。而罗马不列颠行省，更是一个要命的地方，孤悬海外，凯尔特人叛乱四起。而另一边的东罗马帝国，北部有黑海、高加索山脉，东部有高原山地，南部有沙漠，这么多的天然屏障，极大地减轻了它的军事压力。

还有一个原因，也很让人感慨，那就是西罗马帝国分到的领土，真的是太穷了。统一的罗马帝国，其经济较为发达的地区，主要有意大利本土、北非迦太基地区、巴尔干地区、希腊和古波斯帝国发展多年的安纳托尼亚、叙利亚行省以及埃及行省。西罗马帝国分到的发达地区，只有意大利本土和北非迦太基地区，其他都是文明落后的蛮荒之地。而东罗马帝国却拥有了其他富庶之地。加上常年的蛮族侵袭，意大利本土已经遭到致命打击，经济凋敝。很明显，在这一局东罗马完胜西罗马。

所以，可想而知，西罗马帝国要用远弱于东罗马帝国的经济实力，去面临远大于东罗马帝国的军事压力。西罗马帝国，真是太难了！

但在当时社会精英的眼里，罗马是一座不会陷落的“永恒之城”。罗马帝国仍然是“世界帝国”，将会继续存续下去。在基督教被立为国教后，教士阶层就成为帝国新贵，他们积极把基督教教义与罗马帝国的荣耀联系到一起，宣扬“上帝在天国中掌握全权，罗马皇帝则是上帝在人间的显现和上帝的副手，因此罗马皇帝如同上帝统治天国一般统治整个世界”。

但实际上，西罗马帝国早就只剩一个空架子了。在这个与东罗马帝国争夺“正统”的关键时间节点，号称“永恒”的罗马城却被不起眼的“蛮族”西哥特人攻破了。这对整个国家心理上的巨大打击是难以消弭的。之后，远道而来的匈人再次给西罗马帝国以重创。西罗马帝国摇摇欲坠，走向最终的灭亡，也就在所难免了。

（胡晔）

最后一个罗马人：查士丁尼大帝收复罗马故土

谁是第一个罗马人？自然是喝狼奶长大、创建了罗马城的罗慕路斯。

可是，谁是最后一个罗马人？有人说是西罗马帝国的末代皇帝罗慕路斯·奥古斯都，可惜，这位亡国时才十几岁的小皇帝，他的一生毫无建树，只是碰巧出现在皇位上；也有人说是亚瑟王，相传他在罗马帝国灭亡后，仍以罗马人自居，带领英格兰人民，反抗日耳曼蛮族的入侵，只可惜，他的事迹大多属于神话……

思来想去，我个人觉得有一个答案更令人信服，那就是拜占庭帝国历史上最知名的皇帝——查士丁尼大帝。

拜占庭帝国又称东罗马帝国，是从罗马东半部帝国发展而来的。古罗马是个环抱地中海的国家，它的领土东西长，南北窄，中间被地中海隔开，这就导致帝国的东西部交流起来不那么方便。所以，古罗马很早就表现出分裂的苗头。

恺撒死后，屋大维、安东尼曾划界而治：屋大维管理西部，安东尼管理东部。公元3世纪，戴克里先大帝干脆创立四帝分治制，把帝国拦腰切成东西两半，两边各设一大、一小两位皇帝，总共四个说话算数的。是不是有点儿像打牌时，有四个大、小鬼？公元395年，狄奥多西大帝，又把帝国分给两个儿子，大儿子管东部，小儿子管西部，从此罗马彻底分裂成东罗马和西罗马。

西罗马帝国早在476年，就被日耳曼蛮族推翻了，剩下的东罗马帝国，则演变成了横跨欧亚非三大洲的大帝国。查士丁尼继位后，他最大的抱负，就是“待从头，收拾旧山河！”说他是“最后的罗马人”，看上去合情合理。

公元527年，查士丁尼登基。当时，拜占庭帝国的周边局势就像一战、二战时期的德国，面临东西方向两线作战的困境。在西边，作为古罗马龙兴之地的意大利，早已被东哥特人占领。

◆ 查士丁尼和朝臣

等等，有没有搞错，前面不是说西哥特人攻破罗马吗？此处绝对不是笔误哦。之前说的西哥特人虽然攻破了西罗马帝国，导致其在不久灭亡，但最终是被脱离匈人控制的东哥特人占领。除了东哥特人，其他日耳曼蛮族也已在附近纷纷建国。在东边，波斯人依然强大，几百年来，他们的地盘一直是罗马军人的坟场。查士丁尼很清楚，拜占庭与波斯的鏖战，不是一时半会儿结束得了的。

公元 532 年，查士丁尼意识到不能再等了。他咬咬牙，把足足 1 万 1 千镑黄金献给波斯人，与波斯缔结了永久性和平协定。做人必须有舍有得，他要集中精力，在西线有所作为。

查士丁尼先盯上了北非的汪达尔王国。汪达尔人是日耳曼蛮族中最弱的一支，可他们却给罗马人造成过难以忘怀的伤痛。一个世纪前的公元 455 年，汪达尔人曾趁西罗马帝国日薄西山之际，攻陷罗马城，在两个星期里烧杀抢掠，无恶不作，导致罗马城人口锐减，还在历史上永远留下一个词，叫“汪达尔主义”，专门用于形容对文明的野蛮破坏。

你最弱小，还结下血海深仇，不打你打谁？

公元 533 年，查士丁尼令爱将贝利萨留，率 2 万多拜占庭远征军，沿希腊、意大利的海岸航行，抵达了意大利最南端的西西里岛。

这里距离非洲只有咫尺之遥，有多近呢？前些年，水性好的非洲偷渡者，常常从突尼斯一口气游到西西里岛，让意大利边防警察防不胜防。

可是，到了西西里贝利萨留却按兵不动。经验丰富的他知道，定居在海边的汪达尔人，拥有强大的海军，如果被对方拦截，自己这支远道而来的疲惫之师就危险了。为此，他先派人去打探消息，没承想，运气站在自己这一边。汪达尔人还不知道有拜占庭远征军这回事，此刻，他们的海军正在更北方的撒丁岛平叛。

天赐良机！贝利萨留没有再耽误工夫，他下令扬帆出海，登陆北非。比起训练有素的拜占庭人，蛮族的战术素养还是差了些。主场作战的汪达尔人，本来占据兵力优势，结果他们分兵作战，打算合围拜占庭人。然而，贝利萨留充分发挥了手下一个特殊兵种——匈人骑兵的优势。这帮匈人在马背上长大，来去无踪，是第一流的侦察兵。靠他们打探来的消息，贝利萨留玩儿了一套迷踪步，通过长距离迂回作战，将分成几路的汪达尔人各个击破。公元 534 年，汪达尔国王投降，罗马人算是报了 80 年前的一箭之仇。

但这仅仅是一个开始，贝利萨留的真正目标是老家意大利的东哥特人。征服汪达尔人盘踞的北非，只是为了给远征军打下一块根据地，这和第二次世界大战中，盟军先拿下北非，再登陆意大利的作战理念是一样的。

东哥特王国比汪达尔王国强大得多，他们早先的统治者狄奥多里克大帝，是历史上少有的被后人尊称为“大帝”的蛮族首领。不过，到这时候，狄奥多里克已经过世，他的女儿、侄子为了继承权大打出手，给了贝利萨留偷袭的机会。

公元 536 年 11 月，贝利萨留巧妙利用罗马帝国时代遗留的高架水渠，潜入并攻下了意大利南部重镇那不勒斯。12 月，贝利萨留又光复了罗马城，罗马的遗老遗少们欣喜若狂，“王师北定中原日”，可把友军给盼来了！

公元 540 年，东哥特主力军被围困在了拉文纳，迫不得已的他们向贝利萨留许诺，如果他抛弃查士丁尼，东哥特人愿支持他重建西罗马帝国，拥戴他做西罗马帝国皇帝。那样的话，贝利萨留将与查士丁尼平起平坐，瓜分地中海。

这一刻该何去何从？贝利萨留同意了。东哥特人高高兴兴打开城门，

◆ 东哥特人与拜占庭军队争夺罗马城

可是刚一进城，贝利萨留就宣布，他以查士丁尼的名义收复拉文纳，杀了东哥特人一个措手不及。至此，东哥特的残余势力已不堪一击，收复意大利的事业，眼看就要彻底完成。

可就在此时，出人意料的怪事发生了。就像岳飞在北伐即将成功之际，收到南宋朝廷勒令退兵的12道金牌一样，贝利萨留也被查士丁尼调回了君士坦丁堡。因为功高盖主而遭到君主的猜疑，不是中国历史的专利。贝利萨留战功赫赫，此时为作战需要，他又假意表示，愿做东哥特人的皇帝，这件事在遥远的君士坦丁堡，立刻激起了流言蜚语。贝利萨留已离开君士坦丁堡7年，又手握重兵，任何有关他背叛的谣言，都会在查士丁尼心里激起无穷的猜忌。

◆ 东哥特军队被拜占庭军队所败

等查士丁尼确信贝利萨留忠心耿耿时，已经是 4 年之后，公元 544 年了。这年，贝利萨留重返意大利，可是东哥特人早已恢复了元气。更要命的是，三年前的 541 年，拜占庭帝国暴发瘟疫，国力大大削弱。这场瘟疫被称为查士丁尼大瘟疫，它蹂躏了整个地中海东岸，导致数千万人丧生，当时的世界人口可能因此下降了五分之一。

这时，即便查士丁尼支持贝利萨留，也是有心无力了。548 年，眼看贝利萨留无法突破东哥特人的防线，查士丁尼又一次召回了他。至此，一代军神贝利萨留的作战生涯就告一段落了。不过，贝利萨留的晚景相当不错。晚年的贝利萨留曾因涉嫌腐败被捕，查士丁尼特赦了他，让这位好哥们儿在荣华富贵中度过了余生。

贝利萨留离开意大利后，查士丁尼并没有放弃。经过10年励精图治，拜占庭帝国终于从瘟疫中缓了过来。551年，查士丁尼派出另一员爱将、太监纳尔西斯率领另一支2万人的大军，再次远征意大利。

太监是个特殊的群体，这个群体因为人为造成的肢体残缺，容易产生病态心理。但是，这个群体里也曾涌现出许多伟大的人物。就军事家来说，东方有郑和，西方的杰出代表，便是纳尔西斯。早在贝利萨留远征意大利期间，纳尔西斯就曾率军驰援贝利萨留，对意大利相当熟悉。尽管如此，查士丁尼放手任用纳尔西斯，仍是一次赌博，因为当时的纳尔西斯已经71岁了。

贝利萨留的两次远征，都是由海路攻入意大利，东哥特人的注意力也放在了海上。纳尔西斯则改由陆路进发，打了东哥特人一个措手不及。到达战场后，针对日耳曼蛮族简单粗暴，喜欢以骑兵正面冲锋的战法，纳尔西斯发明了一种“月牙阵”，即把部队摆成一弯新月，重步兵被安排在拖后的中央地带，负责死守，以拖住敌人的骑兵，再由两侧突前的弓箭手完成包围，用乱箭射杀来敌。公元554年，74岁的纳尔西斯收复了意大利全境，满怀欣慰的查士丁尼特许他在罗马举办了辉煌的凯旋仪式。这可是过去罗马帝国全盛时期，恺撒等人才有的荣耀。

在罗马历史上查士丁尼是汉武帝一样的伟大帝王，公元565年他驾崩时，拜占庭的国土比他即位之初已扩充了一倍之多。拜占庭帝国像当年的罗马帝国一样，重新环抱了整个地中海。查士丁尼用尽一生，实现了年轻时的心愿。一时间，古罗马的辉煌重现于人间。

其实在罗马帝国的历史上，被称为“最后的罗马人”的并不止查士丁尼一个，瓦伦斯、埃提乌斯、罗慕路斯·奥古斯都、贝利萨留以及君士坦丁十一世等人都曾被赋予这个称号。这个称号并不是一种实际的人物称谓，而是一种精神的指代。

“最后的罗马人”是罗马精神的传承和发扬者。最后的罗马人死后，罗马精神在拜占庭帝国的君王和权贵身上就彻底消失了，这也就是查士丁尼为什么被称为最后的罗马人的原因。

（杨盛翔）

千年大帝国的末日余晖：君士坦丁堡的陷落

前面我们有分析过西罗马帝国为什么比拜占庭帝国灭亡早，原因很多，虽然拜占庭帝国在此之后依然支撑了千年之久，但是终究走到了最后的尽头。

千年帝国！这是一些人赋予拜占庭帝国的赞誉。在很多书中都会记载，这个秉承了罗马帝国的政治传统，以罗马帝国继承者自居的帝国，怀着恢复罗马帝国全部领土，将整个地中海作为内海的梦想，在欧亚大陆纵横捭阖了千余年。曾几何时，能娶到出生于紫色寝宫的拜占庭公主，是欧洲各国君主梦寐以求的荣耀。而一千年后的拜占庭帝国好似一个垂垂老矣的老人，孤立无援地处在欧亚之间。周围强敌林立，而自己只剩下君士坦丁堡这座孤城。

此时它旁边最强大的敌人就是奥斯曼帝国了。奥斯曼帝国由突厥人建立，信仰伊斯兰教。奥斯曼是个扩张性十足的家伙，不断蚕食拜占庭帝国的领土。其实拜占庭帝国也不是任人欺负的懦夫，他们也有过抵抗，他们

◆ 土耳其博物馆的拜占庭建筑

也曾向其他西方国家寻求援助，但是虽然同样都是信仰上帝，可拜占庭帝国属于东正教分支，西欧国家属于天主教分支，他们早就因为信仰上的一些细小分歧而闹掰了。所以面对奥斯曼的骚扰，拜占庭帝国最后一个帮手都没有，只能孤军奋战。

奥斯曼帝国最终目标是要征服整个欧洲大陆，之前先定个小目标——征服拜占庭帝国。拜占庭帝国这个绊脚石，是时候踢掉了。纵观世界地图，地理位置重要性可以与君士坦丁堡媲美的城市寥寥无几。它位于亚欧大陆的连接处，横跨马尔马拉海两岸。马尔马拉海连通黑海和地中海，被称为世界上最小的海，但是因为能够连通欧亚，被认为是黄金水道。

君士坦丁堡控制着这片海上最狭窄的地方博斯普鲁斯海峡，就等于控制着地中海与黑海之间的东西方贸易往来。只要做外贸，就绕不开君士坦丁堡。此时奥斯曼帝国的统治者是穆罕默德二世，这个人非常聪明，精通战略战术，还是个外语达人，一言不合就能飙多国语言，而最致命的是这样一个聪明绝顶的人却是一个战争狂（这里暂称他为穆老二）。

穆老二从小就立志攻下君士坦丁堡，进军欧洲，让奥斯曼的版图在自己的手上涂下浓墨重彩的一笔。

而风雨飘摇的拜占庭帝国此时的国王是君士坦丁十一世。实事求是地讲，君士坦丁十一世不算昏君，甚至可以说是一个励精图治的好君主。可是他生不逢时，在他接手帝位的时候，帝国的辉煌已是明日黄花了。国库空虚，缺兵少粮，和一个空壳没啥区别。他的对手又是国力鼎盛的奥斯曼。也许拜占庭帝国注定在他的手里画上句点。

为了提高帝国的收入，拜占庭帝国靠着地理优势，开始提高博斯普鲁斯海峡的通行费。没想到这一创收办法却成了压死千年帝国的最后一根稻草。增收过路费的做法引起了奥斯曼人的极度不满，本来就打算进攻君士坦丁堡的他们，开始加紧扩军备战。对拜占庭帝国这样一个苟延残喘的老

◆ 君士坦丁堡之战

牌帝国来说，他们陷入了一个难以解套的困局：国家穷困潦倒，无力自保，想要加强军队，就需要钱，而一旦增加收税纳粮的水平，就势必会引起新的动乱。无论对内还是对外，都陷入了这也不是、那也不是的泥潭。

穆罕默德二世非常清楚，君士坦丁堡这块肥肉，自己不是第一个想吃的，也不会是最后一个。可为什么拜占庭帝国可以长居君士坦丁堡一千年，一个很重要的原因就是这里易守难攻。在他之前，有多少人曾为君士坦丁堡前赴后继地征战，可是没有谁能拿下这块宝地。因此他必须做好打持久战的准备。

穆罕默德二世先在君士坦丁堡附近建立了自己的堡垒，作为军事指挥中心，并把这个城堡命名为“锁喉”。

顾名思义，“锁喉”就是用来切断君士坦丁堡和欧洲其他国家之间的联系。利用锁喉城堡，把君士坦丁堡变成一座孤城。接着他开始布置火炮。火炮是当时世界最先进的武器，非常昂贵。可是为了君士坦丁堡，花点钱又能怎样呢？穆罕默德二世花大价钱一口气跟军火商买了 70 门特制的火炮，然后把它们布置在君士坦丁堡四周。

有了先进武器的加持，穆罕默德二世底气十足，这些火炮是攻破城池的致命武器，他骄傲地称这排大炮为“疯狂的大象”。另外，君士坦丁堡三面环海，因此要想攻破它，就需要海陆配合，海战成了必不可少的一部分。

奥斯曼的海军舰队数量是拜占庭帝国的 5 倍。奥斯曼将海上主攻地点选在金角湾。这里是君士坦丁堡最重要的海湾，如果失守，君士坦丁堡就彻底没救了。

面对如此强大的奥斯曼，拜占庭帝国深知不是对方的对手，没有办法硬碰硬，所以他们打算再次依靠地理优势，严防死守，打一场长久的防守战，毕竟他们曾经靠着防守躲过了一场接一场的劫难。

战斗终于打响了。穆罕默德二世下令对君士坦丁堡开炮。

战争的过程长达半年，拜占庭人长时间的顽强抵抗不敌奥斯曼人锲而不舍的进攻，君士坦丁堡最终陷落了，城内 3 万基督徒被俘虏，1000 多人被杀，然而伊斯兰士兵没有抓住君士坦丁十一世。据说当城墙被攻破时，他扯掉属于国王的紫色披风，冲进了伊斯兰士兵的队伍里，不知道他最后杀了多少敌人，也不知道他被谁所杀，连尸体都没有找到，伊斯兰士兵只能把他的紫色披风涂上鲜血，挂在城里最高的塔尖儿上。

穆罕默德二世得到了梦寐以求的君士坦丁堡。他把索菲亚大教堂改成了今天著名的蓝色清真寺，销毁了十字架和圣像。君士坦丁堡从此改名为伊斯坦布尔，定为奥斯曼帝国的首都。在穆罕默德二世的领导下，奥斯曼土耳其逐渐成为一个横跨亚欧大陆的大帝国。

◆ 君士坦丁堡的陷落

君士坦丁堡陷落了，延续千年的拜占庭帝国也终于走到了历史的尽头。后来的奥斯曼帝国常常以拜占庭帝国的继承人自居，在这里拜占庭帝国的拜占庭文化和伊斯兰文化融合，东西方文明在这里得到碰撞统合。

◆ 土耳其圣索菲亚大教堂

正因为如此，土耳其现今在欧亚尴尬的处境也就不难解释了。在鼎盛时期，奥斯曼帝国的疆域超过了 1000 万平方公里，远远超过东方的明帝国，与之后的清帝国并驾齐驱。奥斯曼帝国是 15 世纪到 19 世纪唯一能挑战欧洲国家的伊斯兰势力。在给法国国王的信件中，奥斯曼苏丹直呼法国国王的名字，落款却是伟大的苏丹。奥斯曼帝国的大军曾经兵临维也纳城下，不过最终被欧洲联军击退。有学者认为，奥斯曼帝国对来往的商人征收重税，这才引发了西欧各国的大航海时代。看来在阴差阳错之下，奥斯曼帝国还促进了全球化的发展呢。

（胡晔）

文明的故事

权力的游戏

THE STORY of CIVILIZATION

教皇国的由来：矮子丕平献土

欧亚大陆的历史，在公元前后，曾经惊人地相似。西方的古罗马与东方的两汉，常常被拿来对比。就连二者的灭亡，也颇有共同之处。古罗马亡于北方南下的日耳曼蛮族，东汉及其继承者曹魏、西晋，也很快把大半壁江山，丢给了北方游牧民族，进入五胡十六国时代。这是一个旧秩序瓦解、新秩序建立的时代，东亚、西欧概莫能外。恢复秩序的隋唐王朝，吸取了胡汉文化的双重基因，开创了前所未有的宏大气象。但是在西欧，重建的过程要慢一些，大致到中唐、晚唐的时期，入侵的日耳曼人才完全扎下根来，把古罗马的文明遗产，融入自己的血脉中。

古罗马灭亡后，日耳曼人的各个分支，加速迁徙到整个西欧，建立了错综复杂的政权。和十六国一样，其中的许多政权都非常短命。北非的汪达尔王国，意大利的东哥特王国，很快被拜占庭帝国制服。今天西班牙所在的伊比利亚半岛的西哥特王国，也于公元 714 年，被渡过直布罗陀海峡的北非穆斯林摩尔人攻灭。盎格鲁人、撒克逊人、朱特人渡海去了大不列颠岛，组建了一系列小国，拉开了英格兰“七国时代”的帷幕。

当我们迎来大唐盛世时，他们还在忙着与当地的凯尔特人，以及新入侵的维京海盗作战。欧洲的其他地方，也仿佛是股市中的创业板，许多中小企业挣扎求生，于历史大势不足挂齿。

哈哈，开个玩笑。

最后，从滚滚硝烟中，终于走出了一位特别能打的大佬——法兰克王国。建立该国的日耳曼蛮族分支法兰克人也成了欧洲的新主宰。顺便说一句，后来的法国，也就是法兰西王国，正是从法兰克王国的名字里，取了一个近似的国名，以暗示自己是有背景的人。

法兰克王国包括前后两个王朝：一是墨洛温王朝（481—751 年）；二是由本章的主人公矮子丕平建立的加洛林王朝（751—843 年）。矮子丕平本是墨洛温王朝的宫廷大臣，结果，他像曹丕篡了东汉一样，坐上了本属于墨洛温国王的龙椅。

矮子丕平，是不是听起来很不礼貌？古罗马时代的英雄都有高大上的外号，大西庇阿叫“非洲征服者”；庞培不叫庞培，叫“伟大的庞培”；马可·奥勒留上马打仗，下马写书，于是叫“哲学家皇帝”。这是因为欧洲在罗马帝国衰亡后，北方文化落后的蛮族当家做主，文明大大倒退，给国王起的外号往往很不考究，格调一下降了下来，改拿体貌特征开玩笑，很能反映出蛮族的性格和文化水平。美剧《冰与火之歌》小恶魔的原型就是矮子丕平。

矮子丕平的爸爸很厉害，叫作“锤子”查理·马特——成都的朋友听到可能会笑……但是这个外号，还真不是为了表示不敬。查理·马特击退了从西班牙继续北上的穆斯林摩尔人，保卫了西欧和基督教世界，是欧洲人民心中的大英雄，他作战英勇，攻势如雷霆万钧，所以才被没读过书的乡亲们尊称为“锤子”。

◆ 查理·马特指挥图尔战役

这么厉害的角色，很容易有政治野心。查理·马特的正式身份，是宫相。这个职位从性质来说，有点像汉代给皇帝打理内廷事务的九卿。说白了，是皇帝的御用管家，但从权力来说，又更像是百官之首的丞相。查理·马特生前已经掌握了墨洛温王朝的实权，他死后，权力则交到了儿子丕平手中。

丕平是拿破仑一样的人物，个子虽小，却才华过人。他像父亲一样东征西讨，不仅镇压了内乱，还对外吞并了今属德国、西班牙的大片土地，为法兰克王国达到全盛奠定了基础。

但是，丕平的另一项事迹更加出名。之前我们提到过拜占庭帝国的查士丁尼君臣收复意大利的故事。可惜，由于被大瘟疫削弱了国力，也因为战略重心的变化，查士丁尼大帝驾崩后，拜占庭帝国对意大利的控制，就逐渐放松了。

富饶的意大利可是个香饽饽，拜占庭帝国无力维持统治，就给对手留下了机会。在日耳曼蛮族大家庭中，最晚登上历史舞台的一个分支，是伦巴第人。6—7 世纪，他们从北欧一路南迁，来到温暖的亚平宁半岛，正好抢占了拜占庭人留下的权力真空。今天意大利北方有个伦巴第大区，首府即时尚之都米兰，伦巴第这个名字，就来自当年占住此地的伦巴第人。

到公元 751 年，伦巴第人已完全霸占拜占庭帝国在北意大利的领土，这下子，让罗马教皇大为苦恼。虽然拜占庭人在的时候，双方总是为了利益争个没完，但拜占庭人作为东罗马根正苗红的后继者，好歹是罗马教皇的熟人，没有拜占庭人罩着罗马，那帮伦巴第蛮子，就可以肆无忌惮了。果然，才到 752 年，伦巴第人就放出狠话，罗马城上上下下，必须交纳人头税。万般无奈之下，教皇只好采取以夷制夷的策略，他们把求助的目光，转向了法兰克人。

这一招有赌博的嫌疑，法兰克人和伦巴第人，同属日耳曼蛮族的分支。法兰克人接到教皇求助的时候，表面上，这两个蛮族王国尚处于睦邻友好的合作状态。然而，教皇的运气很好，法兰克王国这边恰好在酝酿一场政变，正需要罗马教皇的支持。

◆ 丕平画像

话说，就在伦巴第人赶走拜占庭人的公元751年，丕平刚好决定，要捅破窗户纸，篡位称王。不过，丕平心里虚得很，要说手握实权就可以篡位，他爷爷丕平二世那一辈，就已经大权在握了，他爸爸查理·马特，更是顶着比他还拉风的救世主光环，即使这样，查理·马特也还是像曹操一样，保留了墨洛温国王的傀儡地位。作为志在篡汉的曹丕，哦不，丕平，他该如何让人民群众心服口服呢？

思来想去，只有一个办法：让罗马教皇为自己的篡位背书。

在宗教氛围浓厚的中世纪，权力被认为是一分为二的。其中，精神权力归罗马教皇独享，世俗权力则由各地的帝王，也就是世俗统治者分享。但是理论上，世俗统治者的权力也是由罗马教皇代表上帝授予的。当时流行所谓的“双剑论”，认为耶稣的大弟子，首任罗马教皇圣彼得曾经拥有两把剑：一把是世俗之剑，一把是精神之剑。后世的罗马教皇也从圣彼得那里继承了这两把剑。

只是，教会人士需要念经拜神，无暇过问俗世的恩恩怨怨，所以罗马教皇把世俗之剑，转交给了世俗统治者，自己只保留精神之剑。罗马教皇为世俗统治者举行的加冕礼，就象征着这一过程。只要被教皇大人在额头上抹了圣油，再由他老人家给戴上一顶王冠，世俗统治者的权力就具备了合法性质。

你也许要说，教皇没军队，没地盘，什么都给不了国王，整这些个形式干吗？一点儿都没错。但是在一个重建秩序，开始讲规矩的社会里，规矩有时比实力还要管用。现在，丕平就决心走这个形式。

丕平给教皇写了一封信，展现出了很高的语文素养。信中巧妙问道：一个没有实权的国王，还应该继续做国王吗？教皇整天玩儿笔杆子，对这些花花肠子了解得一清二楚，当即回信：谁掌权，谁干活，谁就应该做国王。

有了教皇特批，丕平大大方方地推翻了早就形同虚设的墨洛温王朝。公元 751 年，他以原墨洛温王朝宫相的身份，当上了新国王。法兰克王国也由墨洛温王朝，正式过渡到加洛林王朝。754 年，教皇又亲自北上，为丕平举办加冕礼。

丕平倒是很讲义气，他受了教皇的恩惠，就寻思着要为教皇排忧解难。加冕礼结束后，他亲自率兵，护送教皇返回罗马。走到意大利北部时，他把部队往伦巴第国王的家门口一摆……

就问你服不服？

服，伦巴第国王回答，他当即同意归还从教皇手里夺走的地盘和财宝。

只是丕平一撤兵，这位老哥就翻脸了。

于是公元 756 年，丕平再次南下，这次不再商量了，他一举端掉了伦巴第王国。

同年年末，丕平又慷慨地在罗马周边画了个圈，把 22 座城市献给罗

◆ 丕平将国王剃发送进修道院

马教皇。此事在欧洲历史上极为著名，人称“丕平献土”。

它造成了一个影响深远的后果，那就是，从前只握有一座罗马城的教皇，从此有了不小的地盘。经过历代教皇的经营，这片地盘一路扩张，变成了一个横贯意大利中部的庞大国家——教皇国。罗马教皇本来就具有至高无上的精神号召力，现在又有了广阔的领土和臣民，从此如虎添翼。

可是，为什么今天的世界地图上没有教皇国呢？其实，教皇国还在，只是换了一个身份。从 1861 年到 1870 年，意大利王国相继完成建国统一的大业，自然不能再容忍国境内存在一个庞大的国中之国，教皇国的领土

◆ 梵蒂冈圣彼得大教堂

被尽数剥夺。可是，这种强制手段无法从根本上解决问题。罗马教皇一方面身在意大利；另一方面，却又是全世界数以亿计的天主教徒的领袖。理论上，他管的人比意大利国王多得多，因而不可能让他做普普通通的意大利公民。

1929 年，大嗓门的法西斯头子墨索里尼上台，最终解决了这道难题。为换取教皇的支持，他与教皇签订条约，把罗马城西北部的一块土地，主要是圣彼得大教堂的周边地区，划为教皇辖区，这让罗马少了一块黄金地段，让世界多了一个新的国家，也是最小的国家——梵蒂冈。

巅峰时候的教皇国，国土面积曾经在 10 万平方公里以上，可是现在的梵蒂冈，却只有 0.44 平方公里，大约是北京故宫的一半大小。它甚至谈不上是国中之国，而是城中之国。有人开玩笑，站在梵蒂冈境内，向任何方向开一枪，都会打伤罗马的鸟儿。从这个意义上来说，分配给罗马教皇的新身份，比起中世纪那会儿，的确是大大贬值了。

再回到我们的主人公丕平，他是欧洲最有影响的君主之一。首先他创造了教皇国。中世纪罗马教皇风头很旺，甚至还出现了君主雪地下跪向教皇求饶这样的事件。而且，由于丕平献土缔造了教皇国，此后历代法国君主都以教皇的世俗庇护人自居，当然，这也有丕平的儿子查理曼的一部分功劳。于是就有后来教皇国以法国为后台，阻挡了意大利统一的步伐。

矮子丕平与罗马教廷的结合，是当时最有实力者与最有名望者的结合，是新兴军事霸主与传统精神权威的结合，从而在当时纷繁错乱的欧洲政治秩序中脱颖而出。日耳曼蛮族文化与罗马基督教文化的结合，构成了中世纪欧洲文化的底色。丕平创立的功业为其子查理曼称霸西欧打下了殷实的基础。

（杨盛翔）

查理曼加冕：『欧洲之父』做了罗马人的皇帝

如果说矮子丕平在欧洲历史上已经足够有地位了，那么他的儿子查理曼就是虎父无犬子、青出于蓝而胜于蓝的典范。好，之前我们已经认识了扑克牌里梅花K的原型亚历山大大帝，今天我们就来认识一下扑克牌里的红桃K——法兰克王国的查理大帝。

◆ 查理大帝肖像油画

当然，西方人开始打扑克的时候，距离查理曼的时代，已经过去很久了，所以肖像并不一定准确。但在2014年，科学家证实，安葬于今德国亚琛大教堂的一副遗骨，就是查理大帝本人。

经过图像还原，查理大帝是一位面部透露出清瘦、威严，同时蓄着一把浓密络腮胡的大叔。保存至今的查理曼遗骨，还透露出了很多有趣的信息。科学家们推测，查理曼生前大约高 184 厘米，在当年来说，显得尤其惊人。因为营养的原因，直到工业革命开始以前，人类的身高，与石器时代晚期相比，并没有发生显著性的变化。一项 18 世纪上半叶的调查显示，英格兰、德国、苏格兰的男性士兵，平均身高仅为 165 厘米左右。而且，他的父亲叫作矮子丕平。天哪！在中世纪的神话中，184 厘米的查理大帝应该会被刻画成一个巨人，甚至是高达数米的怪物。

查理曼在西方历史上，被尊称为“欧洲之父”。他活了 72 岁，在位 46 年（前三年与弟弟共同执政），竟然打了大大小小 55 场战役，算下来平均每年都要打一仗，基本上，把比利牛斯山以北、匈牙利草原以西的整个西欧，全都纳入了法兰克王国的统治。

“可是，他没有罗马帝国的版图大啊。”

没错，这个版图仍然没有罗马帝国鼎盛时的大，但是它对于欧洲来说，具有特殊的意义。罗马帝国的版图虽大，却环绕着整个地中海，是一个地跨欧亚非三大洲的国家。查理曼的法兰克王国虽然小了一些，却囊括了今天西欧的主要地区。所以，这是历史上西欧这片土地第一次被合并为一个整体。正是着眼于这一点，历史学家也称查理曼的帝国为“第一个欧洲”。

查理曼本人很可能是一个文盲，当然了，中世纪早期大部分统治者，可能都是如此。这倒也不是因为这些帝王将相不学无术，而是因为整个社会的识字率就不高。不过，查理曼却懂得文化建设的意义，在调拨教育经费时，表现得十分慷慨。

他派人去欧洲各地贴告示，招聘知名学者，邀请他们到首都亚琛（位于今天德国境内）讲学。他兴办学校，命令贵族乃至平民子弟，在舞刀弄

◆ 查理大帝的士兵对抗“野蛮人”的战役

枪、放牛种地之余，都好好上学去。学校里教些什么呢？当时的课程叫“七艺”，顾名思义，由七门学科组成，分为文科的语法、修辞、逻辑和理科的算术、几何、天文、音乐。

是的，你没听错，音乐在古代欧洲，是被列入理科的。因为音乐讲究音律，尤其是西方古典音乐，发展出了对位法、赋格法，这些复杂的作曲手法，经常要与数学打交道。

查理曼的时代，出现了一个热门职业——抄写员。因为在那个没有印刷术的时代，查理曼让人抄写了大量濒临失传的古罗马典籍。这时距离古罗马灭亡已经过去了好几百年，中间又发生了“蛮族”入侵，许多珍贵的古籍在战乱中，散佚到民间各地。查理曼便让人用统一的字体，重新抄写这些古籍，再把它们整理成册，使这些古代的文化遗产得以长存。

查理曼的这场文化建设，被后人称为“加洛林文艺复兴”，许多学者坚信，没有加洛林文艺复兴打下的基础，就不可能有 14 世纪兴起的那场文艺复兴运动。虽然可能查理曼本人直到去世前，只会写自己的名字，但他却是西方文化史上一个绕不开的大人物。

到此时为止，在文治武功两方面，查理曼全都得到了五星好评。自西罗马帝国灭亡后，人们终于迎来了一位可以与“古罗马五贤帝”相提并论的明君。

花开两朵，各表一枝，我们再把目光转向意大利。当时，罗马刚选出一位新教皇，名为利奥三世。不过这位教皇，很可能是靠了阴谋手段当选的，私生活也有一些问题，罗马人指控他通奸和做伪证，对他很不待见。公元 799 年 4 月 25 日，罗马人开始闹事了，有一群暴民竟然当众袭击教皇，扬言要割掉他的舌头，弄瞎他的眼睛，吓得教皇连忙逃出了罗马。紧接着，利奥三世在无奈中做出了一个选择，这个选择将同时改变他的命运和欧洲的命运。

按之前的惯例，教皇受到这种委屈，会去请拜占庭帝国主持公道。西罗马帝国灭亡后，君士坦丁堡的拜占庭皇帝成了原罗马帝国内唯一的皇帝，在西欧地区也颇受认可。但可能是由于当时拜占庭帝国内部也有麻烦，利奥三世并没有找拜占庭人主持公道，而是一路北上，去到了法兰克王国。在那里，怀着一肚子委屈的他，见到了查理曼。

查理曼对利奥的不幸遭遇表示同情，他效法当年父亲丕平的做法，决定亲自带兵南下，护送利奥回到罗马。公元 800 年 11 月，查理曼和利奥到达了罗马，查理曼严厉惩治了闹事的暴徒，并敦促各方执行停火协议，通过对话协商解决问题。

“哇，熟悉的配方！”

就这样，利奥依靠查理曼的力量，轻轻松松地恢复了权威。查理曼这么做，背后也许有道义上的考虑，但你要说他完全是出于无私的道义，恐怕连利奥本人都是不信的。利奥已经准备好了回报的礼物。那个年代，出趟远门不容易，加上正值冬天，查理曼一直在罗马待到了年底。时间转眼来到公元 800 年的圣诞节，那天，查理曼出席了在圣彼得大教堂举行的圣诞弥撒。据说，在众人的围观下，利奥三世没有征询查理曼的意见，就冷不丁拿出了一顶皇冠。注意，是皇冠，不是王冠，将它戴在了查理曼的头上。接着，所有在场的人同声高呼：

“祝我们最虔诚的奥古斯都，被上帝加冕的伟大和平的皇帝，永远长寿和胜利！”

奥古斯都是屋大维的称号，后来也用作罗马皇帝的代称。也就是说，经过这样一场突如其来的加冕礼后，查理曼已不再是法兰克人的国王了，

◆ 查理曼加冕称帝

他有了足以掌管天下的新称号——“罗马人的皇帝”。

西罗马帝国灭亡后，西欧这片土地上就没有皇帝了，尽管各个蛮族王国都有各自的国王，但是那些统治者中，没有一个人妄想过用皇冠来代替自己的王冠。在西方人眼里，国王可以有很多，但是统管天下的皇帝，只能有一个（不，最多东西各一个），他只能叫罗马皇帝，而一旦获得这个称号，他就成了屋大维、戴克里先、君士坦丁的继承者。

查理曼由国王变为皇帝，法兰克王国也变为法兰克帝国，这个几乎拥有整个西欧的国家，现在把自己的历史，与罗马帝国的历史接续了起来。原本是日耳曼蛮族、罗马帝国的入侵者，现在合理合法地当上了罗马人的接班人，多么玄幻的一幕。

◆ 马背上的查理大帝

公元800年的圣诞节，欧洲的历史开启了新的篇章。此前数百年的天下大乱和文明倒退，行将来到尽头。经过克洛维、丕平、查理曼等几代法兰克君主的努力，新的政治秩序开始在欧洲建立起来。这一秩序，是由日耳曼蛮族，尤其是法兰克人实际主导的，但是他们借用了罗马的名号，以罗马皇帝的继承者自居，与罗马帝国最重要的遗产罗马教廷合作，从而以一种温和的、谦恭的方式，完成了新旧秩序的过渡。

在此之后，蛮族出身的统治者，可以名正言顺地统治以前罗马的土地，不再是抢走罗马人土地的强盗了。所以，今天的欧洲，并不是罗马人的那个旧欧洲，而是在中世纪新生的、糅合了日耳曼元素和罗马元素的新欧洲。查理曼的加冕也开启了中世纪教皇与世俗君主的相互勾结相互争斗的时代，自此教权与王权的争夺屡屡发生。

法兰克人查理曼统一了西欧，建立了查理曼帝国，还成了罗马人的皇帝，所以直到今天，我们依然能感受到大家对他的崇拜和景仰。

但是让人没想到的是这么庞大的一个帝国最后毁在了一件事儿上——孩子生太多。日耳曼人有个习俗，父亲死了，遗产要平均分给儿子们。可是由于查理曼过于长寿，他的几个儿子都先他而去，只剩下一个儿子路易继承。原本早在查理曼去世的时候就该分崩离析的帝国就这样幸运地多活了 30 年。但还是逃不过被瓜分的命运。公元 843 年，查理曼的孙子们瓜分了帝国，签署了著名的《凡尔登条约》，而就是在此基础上形成了后来的德意志、法兰西和意大利三个国家的雏形。

（杨盛翔）

既不神圣，又不罗马，更非帝国：神圣罗马帝国的建立

多子多福，在当代社会被认为是一种陈旧观念。但是，在男尊女卑又缺乏劳动力的古代，无论是东方还是西方，大都流行多子多福的思想。

不过，法兰克人是一个例外。之前，我们聊到了法兰克人执行诸子继承制，老爸留下的产业，必须在下一代的所有男丁中平均分配。可如果国家政权也这么处理，难免会导致国家分裂，走向混战和衰落。所以，喜得贵子，儿孙满堂，对于法兰克国王来说，恐怕不是什么吉祥话。

加洛林家族就没有这么"坏"的运气。他们家三代单传。宫相"锤子"查理·马特本来有两个儿子，结果大儿子卡洛曼看破红尘，自愿出家做了修士；剩下绰号"矮子"的丕平独自掌权，把家业越做越大，宫相也不做了，干脆当了国王。

丕平也有两个儿子，大的叫查理，小的随他大伯叫卡洛曼。丕平死时，按老办法，安排兄弟俩共同执政。结果卡洛曼即位三年后就病逝了，剩下查理独自掌权，也是把家业做得更大，国王也不做了，比他爹更进一

◆ 皇帝大教堂

步，干脆当了皇帝，史称“查理大帝”。

说起来，这位查理大帝我们人人都见过，他就是扑克牌上的红桃 K。在扑克牌里，红桃，也叫红心，代表了爱情。之所以如此，是查理大帝的一生不缺少爱情，他结过 5 次婚，还有 5 个没有正式过门的小妾，给他生了十几个孩子。这其中，本来有 4 个是儿子，“幸运”的是，大儿子想谋杀老爹，被查理大帝抓起来，送进了修道院。二儿子、三儿子很早就病死了，只剩下一个小儿子，叫虔诚者路易，权力的交替也没有出现问题。

大家看出来了，纯粹因为一些偶然原因，让这一家的几代男孩子，厌世的厌世，病死的病死，真是让左邻右舍妒忌得眼红。

可是，好运气终于在虔诚者路易这一代用光了。

虔诚者路易，顾名思义，对待宗教信仰特别虔诚。可是反过来，他也像笃信佛教的梁武帝一样，在政治上差点儿意思。

虔诚者路易很早就对政治失去兴趣，把领土分给了前三个儿子。没想到，他老人家特别“不幸”，后来又得了一个儿子，因此就想着，让三个哥哥给小儿子也匀出一块安身之地好了。结果，前三个儿子一怒之下，一起造了老爹的反，竟然把路易和年幼的弟弟软禁了一段时间。

路易死时，二儿子已经病死，剩下的三个儿子没有犹豫，立刻把家业分了。

老大分到的中部和南部，叫中法兰克王国，后来演变成意大利。

老三分到的东部，叫东法兰克王国，后来演变成德国。

老四分到的西部，叫西法兰克王国，后来演变成法国。

分家的条约，叫《凡尔登条约》（公元 843 年）。注意，不是一战后签订的《凡尔赛和约》哦！

顺着查理大帝、虔诚者路易传下来的皇位，先由老大保管，老大死后，又在三个国家之间传来传去。名义上，法兰克帝国还是个完整的国家，同一时刻，只有一位皇帝在位，但实际上，皇位已经形同虚设，三国早就各自为政，不在乎皇帝姓甚名谁了。

再后来，三国各自也分别走向了分裂和衰弱。

在这里我们只谈东法兰克王国的情况。

东法兰克王国发展到公元 911 年，被德意志王国取代，但是一路走衰的行情没有改观。表面上，大家还承认有一个国王，但是国家实际由许多独立的公国组成，国王的头衔，只是最强大的那位公爵的荣誉装饰。

公元 936 年，情况开始改变了。这一年，一位新的德意志国王登上了王位，他叫奥托一世，是萨克森公国的公爵。

他怀有超越前辈的才华与雄心。对内，他制服了各个公国；对外，他赶跑了自东方而来并且已经闯入中欧各地的游牧民族马扎尔人。马扎尔人到处烧杀抢掠，吓得欧洲人谈之色变。

公元 955 年，奥托一世在莱希菲尔德战役中，大破马扎尔人，一战打出了威风。从此以后，马扎尔人放下弓箭，拾起锄头，在今天的匈牙利定居下来，过上了“农夫、山泉、有点田”的生活。

说起来，马扎尔人和匈牙利这个国家，还有不解之缘。虽然当年威震草原的匈奴人，在被汉朝的铁骑赶走后，曾经一路西迁来到欧洲，经过匈牙利的时候，给这片土地留下了“匈”这个名字。但是更晚来到这儿，并且就此扎下根来的马扎尔人，才是匈牙利人在血缘上的直系祖先。

在莱希菲尔德大获全胜的奥托一世，赢得了德意志父老乡亲的一致爱戴。这个时候，他血液里的一些东西，被唤醒了。

简单地说，奥托一世的身世，远不只是萨克森公爵、德意志国王那么简单，他是查理大帝的儿子虔诚者路易的女儿吉塞拉的女儿英格尔特鲁德的女儿海德维希的儿子捕鸟者亨利的儿子，也就是说，他身上流淌着日耳曼人的第一位皇帝查理大帝的血液。

他也要像查理一样，去罗马，由教皇为自己加冕，做“罗马人的皇帝”！

◆ 奥托一世和皇后

欧洲的国王去罗马，接受教皇的加冕，获得罗马皇帝的称号，就如同中国古代的皇帝去泰山封禅一样，只有这样，才能证明自己是上天庇佑、民心所向的一代明君。假如做统治者，是一个角色扮演游戏的话，那么只有做到这一步，才能完美通关。

恰好就在此时，历史也出现了惊人的巧合，正像当年在任的罗马教皇，不得不求助于查理曼一样，眼下在任的这位教皇，也对奥托的南下求之不得。

当时的罗马教皇，名叫约翰十二世，他是历史上最臭名昭著的教皇之一。他老爸是公爵，在罗马说一不二，他仗着老爸的实力，18岁就坐上教皇的位子，是个不折不扣的熊孩子。约翰把罗马教廷变成了妓院和赌场，他养了一群情妇，还公开标价买卖神职；朝觐者献给罗马教廷的礼物，竟然被他拿去赌博；老师批评他，他就刺瞎老师的眼睛；一个红衣主教怼了他，他就派手下把人家阉割了……总之，放在今天，这就是个早该关进劳教所的少年犯。

俗话说，恶人自有恶人磨。能对付得了约翰的，肯定不是罗马城内逆来顺受的小老百姓。当时，中法兰克王国已经分裂成几个国家，其中意大利王国的国王贝兰加，盯上了小教皇的宝座。这一下约翰傻眼了，平日里，他变着法儿地欺负罗马人，本地的乡亲肯定是指望不上了，怎么办呢？

约翰像当年的利奥三世一样，把希望寄托在了北方。

约翰和奥托，彼此都明白对方心里的小算盘，而他们刚好也握有对方需要的东西。接下来，相似的一幕出现了。

奥托一世带兵杀来意大利，赶跑了贝兰加，约翰十二世也很识趣，二话不说，向奥托授予了他向往已久的皇帝头衔。公元 962 年 2 月，德意志国王奥托一世在罗马正式加冕，成为“罗马人的皇帝”。

他不仅改变了自己的称号，也把国家的国号改了过来，德意志王国从此变为罗马帝国。到 12 世纪，他的后继者，长着一把红胡子的腓特烈一世，又在“罗马帝国”的国号前，加上“神圣”二字。

这就有了我们熟悉的神圣罗马帝国。

实质上，神圣罗马帝国的版图主要由今天的德国领土组成，只顺带囊括了法国、意大利、奥地利、荷兰、比利时等国家的少量土地，但名义上，这是一个西方人眼中的“世界帝国”，整个西方世界都要拥戴这一位天下共主。许多时候，法国、英格兰的国王，论起实力，也许比神圣罗马帝国的皇帝还要强大，但是在名分上，还是低人家一等。

所以，神圣罗马帝国的出现，让德意志人在历史舞台上，第一次扮演了主角。

德国人非常以此为傲，他们把神圣罗马帝国称作历史上的德意志第一帝国（962—1806 年），把 1871 年德意志重新统一后建立的国家，称作德意志第二帝国（1871—1918 年）。

◆ 帝国皇帝腓特烈二世为自己加冕

初中语文课本里有一篇名为《最后一课》的课文，里面说的就是 1870—1871 年，“铁血宰相”俾斯麦领导普鲁士击败法国，强占阿尔萨斯和洛林的故事。战争结束后，扬眉吐气的普鲁士君臣，在法国巴黎的凡尔赛宫里，宣布建立了德意志第二帝国。

本来，随着一战结束后，德意志第二帝国战败而瓦解，帝国这个东西，在德国历史上，就到此为止了。然而，希特勒上台后寻思着，要用历史来振奋德国的民族士气，于是把八竿子打不着的纳粹政权，命名为德意志第三帝国（1933—1945 年）。其实，希特勒只是元首，并没有皇帝的名分。

回到神圣罗马帝国上来，这个国家的盛衰，与我国古代两宋的兴亡，几乎完全一致。公元 962 年，神圣罗马帝国建国，只比北宋建国（960 年）晚两年。神圣罗马帝国一度经历了几百年的剽悍岁月，可是到 13 世纪中叶以后，便陷入了一盘散沙的境地，各地诸侯大打出手，曾经闹到选不出皇帝的荒唐境地，出现了一个将近 20 年的大空位时期（1254—1273 年），这与南宋的亡国（1279 年），又在时间上相差无几。

大空位时期结束后，大家才达成共识，认为选出一个皇帝，哪怕是做做样子，对于维护偌大一个国家的完整，也还是有必要的。但傀儡终究是傀儡，神圣罗马帝国内部的离心离德，已经是不可挽回的事实了。

◆ 纽伦堡皇帝堡花园——神圣罗马帝国皇帝的住所和执政地

到启蒙运动时期，法国的大思想家伏尔泰，就拿苟延残喘的神圣罗马帝国开玩笑，他形容神圣罗马帝国为“既不神圣，又不罗马，更非帝国”。

因为奥托一世实际上是靠利益交换，从一位糟糕透顶的教皇那里，换来了称帝建国的许可，这样的国家，自然谈不上“神圣”。

统治这个国家的，本来就是日耳曼人，跟罗马人没多大关系，自然也不是什么“罗马”。

这个国家群雄割据，谁的拳头大，谁就说话算数，虽然有皇帝，却早就已经被架空，自然更不能算是“帝国”。

看来，一旦让法国人抓住把柄，开起老冤家德国人的玩笑，果然是不会留情面的。

（杨盛翔）

卡诺莎觐见：神圣罗马皇帝与教廷的争斗

1077年1月28日的夜里，意大利北部卡诺莎城堡外，有一个可怜的身影，穿着粗布衣服，赤脚站在雪地里，面向城堡表示忏悔。史书上记载，他已经在这儿站了三天三夜。他不是普通的罪人，他是神圣罗马帝国的皇帝亨利四世。此刻，他正向城堡里的一个人表示悔罪，这个能让皇帝低头的人是当今的教皇格里高利七世。

这三天里，他一定想到了很多。他会恨自己的父亲吧？他的父亲，是神圣罗马帝国的上一任皇帝亨利三世。

在这里还是要和大家啰唆一下之后会反复出现很多次的神圣罗马帝国。前面我们说到法兰克王国一分为三，东法兰克慢慢变成了德国的雏形——德意志，它跟其他国家不一样，更像我们的春秋战国，里面全是诸侯各自为政。

其中有一个诸侯越来越强大，不但在德意志成了老大，还经常恃强凌弱，跑出来欺负周围的小伙伴，比如动不动就到隔壁意大利逛一圈儿。而这位大哥中的大哥就是著名的奥托大帝。这位奥托大帝觉得自己特别厉害，就跟当年罗马帝国一样厉害，干脆把德意志硬生生改名叫罗马帝国。他的继任者还嫌不够雄壮威风，又加了“神圣”二字。就这样，神圣罗马帝国诞生了。

虽然是自己给自己取的名字，但德意志人觉得这是历史上的第一次巅峰，所以神圣罗马帝国又被称为第一帝国。一千年后希特勒狂喊的“第三帝国”就是从这里算起的。中间的第二帝国是普鲁士时代。

在帝国的历史上，许多皇帝空有名分，但亨利三世不同：对内，他驯服了野心勃勃的贵族；对外，他吓退了法国国王，又接连击败匈牙利人、波兰人，大大拓展了帝国的边界。最剽悍的是，他延续了奥托大帝以来皇帝插手罗马教廷的做法，亲手更换了三位教皇。也因此，亨利三世被誉为“上帝在地球上的总督”。

遗憾的是，这么一位打遍天下的君主，却给儿子挖了个大坑。亨利三世虽然废过教皇，却并不反对教会。他炒教皇的鱿鱼，是因为这些教皇品行不端，做出贩卖神职等没下限的丑事。然而，对于干实事的教皇，亨利三世还是打心眼儿里支持的。他任命的新教皇，都是才智非凡的正经人。

这几位新教皇推动了著名的克吕尼运动。一方面，整肃修道院的风气，把白天去修道院上班，晚上脱下工作服，回家赌博、喝酒、打孩子的假修士赶出修道院，挽回了社会对修道院的信任；另一方面，也加强了教会对修道院的控制，使得修道院的财富，如庞大的地产，能够为教会所用。如此一来，无论是在精神号召力上，还是在物质力量上，教会的实力都得到了扩充。虽然在亨利三世生前，教会还构不成什么威胁，可是一等亨利三世驾崩，麻烦就来了。

亨利三世的一生短暂而精彩，死时尚不满 40 岁。他留下的，是一对孤儿寡母，我们的男主亨利四世才刚刚 6 岁。

亨利三世一死，怀恨在心的贵族便纷纷起来造反。这些人里面，要说鬼才，还得数科隆大主教，他竟然想出了做人贩子的招数。趁着一次聚会，他把 12 岁的亨利四世骗上游船，顺着莱茵河，一溜烟儿送去了自己的大本营科隆，以提供监护的名义，把小皇帝软禁了起来。

亨利四世的童年是不幸的，所幸，他没有屈服，他的全部成长历程都围绕一件事展开，就是他要重新制服反叛的贵族。

他做得不赖。1065 年，按当时的习惯，15 岁的他成年了，他终于有了亲政的理由，可以摆脱科隆大主教的“监护”。从此，亨利四世每年都要巡视国土，拼命争取民众支持，寻找政治盟友。他像雏鹰被放出牢笼一样，飞快地成长。他小时候体弱多病，成年后却身体健壮。1900 年，考古学家发现了亨利的遗骸，他身高 180 厘米，除了缺少 1 颗门牙外，是个骨骼强健、习惯骑马的硬汉。

那个被劫持的幼童已经长大了。他让亲信当上新任科隆大主教，又平定了萨克森地区的叛乱，还战胜了最大的对手——施瓦本公爵。可是到了这时候，亨利才发现，要彻底制服国内的贵族，他必须先打败一个远方的敌人。

我们回到刚才教会改革的故事。经过改革，教会的实力迅速膨胀。更可怕的是，教会迎来了一位伟大的新教皇——格里高利七世。这位新教皇与亨利四世一样，长了一身硬骨头。

当时，格里高利七世和亨利四世之间，或者说是罗马教廷与神圣罗马帝国之间，围绕谁有权任命地方主教的问题爆发了尖锐矛盾。神圣罗马帝国的头几任强势皇帝，如亨利三世，早已习惯插手教会事务，他们把任命主教当成培植党羽的买卖，大批靠着利益交换上位的皇帝亲信，在主教位子上为所欲为。这在改革派的教皇看来，是导致教会腐败的根源之一。现在，格里高利七世便把改革的矛头对准了亨利四世。他一上任就宣称，任命地方主教是教会内部问题，只有教皇有权。

◆ 格里高利七世

正忙着跟贵族较劲的亨利四世一听，呵呵，你逗我玩儿呢？在平叛的节骨眼上，你剥夺我任命地方主教的权力，那我怎么笼络人心？人心散了，队伍可怎么带？

1076 年，围绕米兰大主教的任命问题，亨利四世和格里高利七世公开翻脸。亨利四世率先发难，1 月 24 日，他模仿父亲亨利三世的做法，给格里高利七世安插了几个罪名，想剥夺他的教皇头衔。然而，三十年河东，三十年河西，这亨利家的日子，可是早就不如以前了。亨利四世的命令没得到多少响应，不仅如此，人气很高的格里高利七世还反手就来了一巴掌。

2 月 24 日，距离亨利四世下达命令刚过去一个月，格里高利七世就报复了皇帝，而且报复的方式是破天荒的：他宣布革除亨利四世的教籍，也就是剥夺他的基督徒身份。

这种命令很有杀伤力吗？在无神论者听来，似乎马马虎虎，不进基督教还可以试试佛教、道教、伊斯兰教等。然而那是基督教深入人心的中世纪，一个人如果不是基督徒，就是死后会下地狱的罪人，是无权做皇帝的。他的臣民也要解除对他的效忠义务，有点儿像被剥夺政治权利终身。

站在亨利四世的立场上，如果只是教皇捣乱的话，还不是什么大问题，他更担忧的是国内的反派贵族。1076 年 10 月，野心不死的贵族果然借题发挥，给皇帝捎来一份决议书，声称如果亨利不能在一年内恢复教籍，他们本着基督徒的正义，就无法再承认他身为皇帝的合法性了。

我翻译一下，他们是眼看亨利和格里高利都是驴脾气，两人能和解才怪，那到时候再抄家伙造反，可就别怪咱们翻脸不认人了。

亨利四世尚且羽翼未丰，他明白，自己肯定无力对付所有造反的贵族。他的皇帝生涯，就剩一本挂历了。除非，他能完成看上去不可能完成的任务，获得教皇的宽恕。

1076 年 12 月，在天寒地冻中，亨利踏上了穿越阿尔卑斯山的路。为表示悔罪，亨利徒步攀登雪山，由于山势险峻，有时不得不匍匐前进。

有趣的是，罗马教廷那边，对于亨利此行的目的不得其解。有谣言说，亨利四世是像他父亲当年一样，来意大利兴师问罪的。为了确保安全，格里高利七世接受了托斯卡纳女侯爵的邀请，去往后者的卡诺莎城堡避难。卡诺莎城堡坐落在北意大利的高山上，隐蔽性很强。格里高利七世到了这儿，才稍稍松了一口气。而在亨利四世那边，很可能他也听到了错误的谣言。有消息说，格里高利此次北上，是为了联合帝国境内反叛的贵族。于是，亨利四世只能加快脚步，希望早点拦住教皇，以免夜长梦多。

所以，教皇越是躲起来，皇帝就越慌，皇帝越是急于找到教皇，教皇就越想藏得更深：这是一场双方都蒙在鼓里的游戏。

1077 年 1 月 25 日，双方在卡诺莎城堡相会了。慌乱的格里高利七世以为亨利四世会杀过来，却不承想，亨利四世完全不顾皇帝的尊严，他衣衫褴褛，赤着双脚，走到城堡门前跪下悔罪，整整三天三夜，他没有吃任何东西，只是一刻不停地乞求教皇开恩。

从常识上判断，这是不可能的。亨利的所作所为，已经超越了人体的

◆ 卡诺莎城堡

极限。如果暴露在雪地里，是一件如此简单的事，那么中国的“程门立雪”，就不会千年以来传为美谈了。也许史家这么写，是受到中世纪宗教气氛的感染，意在凸显亨利的无助和格里高利的强大？也许他们认为，亨利站了三天三夜，竟然保住了性命，是一件蒙神庇佑的奇迹？又或许，城堡太高，天上又下着鹅毛大雪，远处的亨利只是站了一小会儿，就换了替身？

真相已不得而知，重要的是事件的历史意义。这是欧洲历史上，世俗领袖第一次向宗教领袖低头，它将开启教权在中世纪的全盛时代。100 多年后，中世纪最强大的教皇英诺森三世，将会逼迫英格兰、法兰西的国王俯首称臣，将可以左右神圣罗马帝国的皇位传承，将能够一手策动十字军东征。

这是一场不流血的斗争，格里高利七世赢了。但亨利四世也没有输。

◆ 亨利四世卡诺莎雪地觐见

这位在危机四伏中成长起来的皇帝，完全懂得大丈夫能屈能伸的道理。他很聪明，他跪下的那一刻，已经知道自己保住了皇位。因为按基督教的伦理，教皇也是首席牧师，教皇没有理由拒绝一个人的悔罪，无论对方多么穷凶极恶，天国的大门永远向忏悔者敞开。

亨利如此折磨自己，已经把格里高利架在了道德高地上，而只要教皇宽恕他，亨利就能迎来喘息之机，回到国内，把讨厌的贵族们一个个解决掉。在宽恕亨利并把他迎进城堡，并恢复其基督徒身份的那一刻，格里高利是否已经预见到了未来呢？

1080 年，亨利如愿击败了反叛的贵族。是时候报仇了。1084 年，他率军攻入罗马，宣布废黜格里高利七世的教皇身份。格里高利被迫逃亡。

第二年，在流亡路上含恨死去。那么，亨利四世反败为胜了吗？对他个人而言，也许是的。但是经过这场冲突，神圣罗马帝国的确丧失了对罗马教廷的控制力。

也许，帝国、教廷都是这场游戏的输家。两虎相争，两败俱伤，胜利的是具有西欧特色的政教二元体系。此后，世俗权力和精神权力彼此制衡，帝国和教会谁都不能独掌大权。史家相信，正是得益于政教二元体系，使得西欧没有像许多其他地区那样，走上中央集权的道路，也因此，为中世纪晚期民主制度的萌芽，预留了空间。

（杨盛翔）

传奇女性埃莉诺的惊艳人生

中世纪的欧洲与中国封建社会一样是一个男权社会，但仍有许多非同一般的女性，留下了自己大写的名字。有一位法国女子，她在今天的名声，可能不如她的同乡贞德响亮，但在中世纪，她却是一位极富传奇色彩，集智慧、权势、财富、美貌于一身，是位无人不知的奇女子，她叫阿基坦的埃莉诺。从她的姓氏就能看出她是典型的欧洲封地贵族，即名字与封地相结合这种命名方式在贵族女性中尤为常见。

◆ 埃莉诺画像

的确，埃莉诺是含着金钥匙降生到这个世界上的。她生在阿基坦公爵家里，祖父威廉九世“行吟诗人公爵”是当时西欧最强大的封建领主之一，其领地比法王的还要广大。阿基坦在法国西南部，濒临大西洋和伊比

◆ 法国南部传统乡镇

利亚半岛，这里气候宜人，物产丰饶，盛产葡萄酒。

蓝天、大海、美酒，让这里成了诗歌的故乡。其祖父威廉九世，不仅是第一次十字军东征的领袖之一，还是西方历史上最早的游吟诗人，是个了不得的大才子。埃莉诺在这样一个富甲一方，还偏偏具有文艺气息的家庭里长大，度过了童话般的少女时代。

埃莉诺 13 岁时，她的祖父和父亲都已离世。家庭的破碎是不幸的，可转眼之间，这个小姑娘通过继承遗产，变成了欧洲的第一小富婆，掌握了超乎想象的金钱、权势和军队。全欧洲的单身汉都疯了，人人都想和她结婚。脱颖而出的，是近水楼台的法国王子、日后的法国国王路易七世。

1137 年，两个同样 16 岁的年轻人结婚了。这似乎是一场童话般的婚礼，可令人感叹的是，两人却没能像童话中那样，从此幸福地生活在一起。

路易七世文弱、偏执，寡言少语，颜值也普普通通。埃莉诺则是一位容貌出众的红发少女，她精力充沛，而且多才多艺。两人的气场根本不合。其实，路易七世本来只是父王的次子，在他应该继承王位的哥哥意外去世之前，他是被当成以后的大主教来培养的。作为一名虔诚的基督徒，路易七世被形容为“忏悔者爱德华在法国的化身”。清心寡欲的教会，的确更符合路易的气质。戴上王冠后，路易的性格特质与宫廷环境格格不入。他继续过着修道士一样的生活，对爱情心怀抵触。两人结婚七年，才有了一个女儿。

1147 年，路易七世和埃莉诺一道领导了第二次十字军东征。对于闲不住的埃莉诺来说，能够去遥远的东方，就算是为了打仗，也比在宫中独守空房有意思得多。但谁也想不到，正是这一次东征，导致她的第一段婚姻走向了破裂。

东征途中，她在小亚细亚（今天土耳其）遇见了白马王子雷蒙德，他们一见如故，两情相悦。然而，战场是残酷的，在收获爱情的同时，这次东征却并没有达到目的。埃莉诺与路易分兵两路，孰料，埃莉诺先是遭到敌人袭击，接着她的舰船又被风暴意外地吹回了意大利。在意大利，惊魂甫定的她，得知了一则噩耗，雷蒙德战败被俘，已经被敌人斩首。

也许是因为出师不利，也许是因为情郎的丧生，埃莉诺的情绪到达了崩溃的边缘，她再也不想与路易维持名存实亡的婚姻了。

埃莉诺公开提出：我要离婚。既然已来到意大利，我要觐见教皇，求他同意我和路易离婚。在那个时代，教徒结婚要进教堂，离婚极为少见，更何况是王室的婚姻，必须经过教廷的宽恕。

可是，教皇却极力做和事佬，在他看来，这不过是小夫妻闹情绪，床头打架床尾和，有什么难的。教皇甚至诱使分居多年的埃莉诺和路易，再次同床共枕。这次同床共枕的结果，是埃莉诺时隔八年后，再度怀孕了。在那个重男轻女的环境中，如果这次她怀的是个儿子，后来的一切也许都会不同。可是，埃莉诺又生下了一个女儿。按照法国的政治传统，女儿是不可能继承王位的，这让两人的感情雪上加霜。

事到如今，所有人都不再对这场婚姻抱有希望。教皇也终于同意了这桩旷日持久的离婚案。1152 年 3 月 21 日，埃莉诺和路易分手了。

恢复独身的埃莉诺，拿回了她诱人的嫁妆——阿基坦公国。于是转眼间，全欧洲的单身汉，再一次为她骚动起来。当年的欧洲非常野蛮，阿基坦周边的贵族，为迎娶埃莉诺，甚至做起了绑票的勾当，差一点儿劫持了埃莉诺。

情急之下，埃莉诺想起了一个人。一年前，还是法国王后的埃莉诺，在巴黎亲切接见了她和路易的封臣、刚成年的诺曼底公爵亨利。双方除了在亲切友好的气氛下互致问候以外，大概还有过眉目传情的插曲。这位亨利不是一般人，他不仅年轻、英俊，还顶着诺曼底公爵、安茹伯爵、曼恩伯爵的头衔，更重要的是，他还是海峡对岸的英格兰王储。险些遭到绑架的埃莉诺，给亨利寄去一封密函，表示愿意嫁给亨利。亨利本来就对埃莉诺一见钟情，立刻接受了埃莉诺的爱。

◆ 英格兰国王亨利二世

1152 年 5 月 18 日，在和法王路易离婚 8 个礼拜后，31 岁的埃莉诺和年仅 19 岁的亨利，又步入了婚姻殿堂。

亨利迎娶的是风情万种的埃莉诺，更是富饶的阿基坦公国。他的好运还不止于此，1154年，他如愿加冕为英格兰国王，史称亨利二世。至此，他的领土从英格兰一路向南，跨越英吉利海峡和整个法国西部，一直延伸至比利牛斯山，理论上亨利一个人就控制着法兰西王国近一半的领土。他的实力已经远远超过法王路易七世。这导致此后两个世纪英法的领土之争一直不断，进而引发了百年战争。

最大输家路易的怒气值简直要满槽了。他不但失去了王后，还把法国最大的一块封地阿基坦白白送给了对手亨利。更糟心的是，埃莉诺和亨利二世结婚后，生育了8个孩子，有5个是男孩。目睹二婚的埃莉诺没完没了地生儿子，路易七世内心的阴影有多大可想而知。

不过，埃莉诺和亨利二世的结合，也好景不长。埃莉诺的第一任丈夫丝毫不解风情，她的第二任丈夫却又到处拈花惹草。很久以来，埃莉诺对亨利的风流韵事，一直装作视而不见。可是，亨利无穷无尽的劈腿，让两人的感情走向了终点。

1166年，埃莉诺生下了她和亨利的第八个孩子，也就是日后签署了《大宪章》的“失地王”约翰。埃莉诺刚生完孩子，亨利就迷上了令他后半生魂牵梦萦的大美人罗莎蒙德。心灰意冷的埃莉诺决意离开英格兰，她回到阿基坦，与亨利分居了。此时的埃莉诺已经年近50岁，在那个人均寿命只有30多岁的时代，似乎也到了叶落归根的时候了。在阿基坦养一群诗人、作家，听听音乐，品品美酒，比起待在英格兰受气，日子不要太美好噢!

然而，造化弄人，属于她的精彩戏份儿，还远没有结束。

在与亨利生育的八个孩子里，埃莉诺尤其疼爱大名鼎鼎的“狮心”理查。1173年，理查起来造反，想从父亲亨利手里抢班夺权。埃莉诺也加入战局，而且毫不犹豫地站在了儿子这边。这次造反没有成功，埃莉诺也被亨利俘获。亨利原谅了儿子，却不肯原谅媳妇。

◆“狮心”理查

接下来的16年，埃莉诺一直被软禁在英格兰，还被禁止与心爱的儿子们相会。不过，即使她享有自由，儿子们也没时间来看妈妈。这16年里，他的几个儿子又反复发动叛乱，把亨利二世折腾得心神俱疲。

1189年，亨利二世再次收到理查发动叛乱的消息，在失望和病痛的折磨下，亨利二世与世长辞。继承王位的，正是前半生专职坑爹的“狮心”理查。当理查把母亲埃莉诺从牢狱里释放出来时，埃莉诺已经68岁了。人生七十古来稀，这么大岁数，应该颐养天年、含饴弄孙了吧？不，埃莉诺的雄心，仍然没有熄灭。

“狮心”理查是一位尽职的统帅，却不是一位尽职的国王。他做了10年英格兰国王，只在英格兰待了不到6个月，另外的9年多，都花在了欧洲大陆和亚洲的战场上。这期间，掌管英格兰的不是别人，正是他的母后埃莉诺。理查去参加第三次十字军东征，埃莉诺就为他筹备粮饷；理查被敌人抓获，埃莉诺就四处筹集赎金……可是，埃莉诺盼来的却是一则噩耗：

1199年，热爱冒险的理查中了暗箭，在42岁的年纪上英年早逝。

理查死时，埃莉诺已经78岁了，她一个白发人送走黑发人，内心的悲痛可以想见。然而，“狮心”理查即使死了，也不让人消停。理查生前只有私生子，没有婚内子女，在侄子亚瑟和弟弟约翰之间，理查安排亚瑟继承王位。事后来看，当年坑死了老爹亨利二世的理查，这一次，又差点坑死了母亲埃莉诺。

围绕英格兰王位继承，亚瑟和约翰爆发了恶战，埃莉诺选择支持小儿子约翰。15岁的小亚瑟血气方刚，在得知叔叔约翰的后台就是奶奶埃莉诺后，他把奶奶包围了起来。幸好约翰及时带兵前来，俘虏了小侄子。此后，亚瑟从人间神秘蒸发，历史学家推测，正是约翰秘密杀害了侄子亚瑟。

此时已是1203年，82岁的埃莉诺又送走了孙子亚瑟，历经大风大浪的她终于累了。约翰如愿登基后，埃莉诺宣布归隐，她找了一处修道院，用面纱遮起曾经美艳无双现在却布满皱纹的面容，当起了修女。

1204年，83岁的埃莉诺在修道院中去世，死后被葬在丈夫亨利二世以及她最疼爱的儿子“狮心”理查中间。她的一生起起落落，漫长而又精彩，她嫁给过法兰西国王和英格兰国王，可是没有哪个国王可以彻底将她降服。她帮助两个心爱的儿子先后登上王位，本人也当了两届王太后，在英格兰权倾朝野。

可是，她的人生之所以是一段传奇，并不只是因为她拥有非凡的权力和财富，更重要的是，她从不畏惧压迫女性的男权社会，向着男性发起了一次次挑战。当然，埃莉诺的传奇也是无可复制的，被称为中世纪历史上最传奇的女性毫不为过。

（杨盛翔）

阿维农之囚：王权与教权的极致博弈

法国南部的普罗旺斯地区，是闻名于世的度假胜地，这里风景秀丽，物产丰饶，每一年，世界各地的游客来到这里，欣赏美丽的薰衣草，品尝芬芳的葡萄酒，在碧海蓝天之间流连忘返。

在普罗旺斯，有一座历史悠久的古城，叫阿维农（Avignon）。该城始建于古罗马时期，此后一直默默无闻，到了 14 世纪，突然名声大噪。当时，罗马教廷一度搬离了罗马，连续 7 位教皇来到阿维农定居，他们下榻的教皇宫，也成了今天阿维农最著名的地标，是有名的世界文化遗产。

罗马教皇，怎么会离开罗马，来到阿维农呢？这事儿要从中世纪晚期罗马教廷的衰落开始讲起。

中世纪的欧洲，名义上有两大权力中心：一是管辖世俗生活的王权；一是管辖精神生活的罗马教廷。中世纪最开始的时候，教廷权力并不是高于国王权力的，他们也要受到国王的限制，比如说各国主教的任免权都掌握在各国国王手里，教廷无权干涉。但是“丕平献土”建立了教皇国，渐渐地提高了教皇在人们心中的地位。

800 年，教皇利奥三世在罗马圣彼得教堂为法兰克国王查理曼加冕称帝后，王权就被涂上了一层神化的色彩，每一位国王的登基，都要得到教廷的承认，表明自己是受神的旨意去统治国家，以表明自己统治的合法性，这就是中世纪的“君权神授”。

这样一来，教权和王权进入了一个复杂的局面：国王作为一国之主，理应掌管国家任何事务，却被教皇压制，教皇可以干预国家内政，国王在这方面却没有多少权力。国王当然不服气，拼命运用各种手段扩大自己的权力，教皇自然不会答应。这样二者的矛盾就越来越激烈。当形势处于失控状态时，必然会发生斗争，而且只有一方会获得胜利，不是国王就是教皇。

我们之前讲过的“卡诺莎觐见”，就是罗马教皇风头正劲，开始压过王权的标志性事件。这是王权的失败，不过时代是在向前发展的，王权经过时间的沉积，到后期足以与教权抗衡。后来亨利四世羽翼丰满，进军意大利围攻罗马，以武力雪耻。“继承”亨利四世事业的，就是下面要讲到的法国国王腓力四世，他的事情有趣得多。

中世纪的教会是欧洲最大的地主，积累了巨额财产，本应超凡脱俗安贫乐道的教士，开始积极卷入世俗事务，也因而沾染了人性的种种丑恶。

英诺森四世于 1243 年接过教皇之位后，人们评论道：“世间最神圣的权力，落入了一个精明强干的商人手里。”近代以来的研究证明，教廷的财政舞弊和道德败坏，就是从英诺森四世开始的。在他的继任者中，尼古拉三世更是假公济私的典型，公开把教廷的高级职务赠送给亲朋好友，人们挖苦尼古拉三世，说他的做法，就像“一只熊一心想要提拔自己的小熊”。

◆ 英诺森四世在里昂召开宗教评议会

如果你读过但丁的《神曲》，也许会有印象，在《神曲·地狱篇》中，但丁破天荒地把两位教皇放在了地狱里，说他们廉耻丧尽、臭名昭彰。这两位教皇，一位是尼古拉三世；另一位，就是我们这一章的另一个主角——卜尼法斯八世。

要命的是，当教皇正在透支人们的信任时，一个可怕的对手正在迅速崛起。这就是逐渐强大起来的法国卡佩王朝。987 年，原先的西法兰克王国，被法国的第一个王朝卡佩王朝取代。

一开始，卡佩王朝继承的是西法兰克王国末年群雄割据的烂摊子。卡佩王室能直接管辖的，只有被称为“法兰西岛”的巴黎盆地。这点儿土地，与国内强大的封臣，如诺曼底公爵、安茹伯爵、图卢兹伯爵的领地相比，简直不值一提，更无法与强大的邻国相提并论。可是，经过三百多年的不懈努力，卡佩王室竟然一点点地把权力收回到了自己手中。

他们很幸运，连续 11 代生出合法的男性继承人，从而保证了王室权力交接的稳定。他们还很精明，通过与封臣联姻，收回没有继承人的封臣死后留下的土地，剥夺违反封建契约的封臣的财产等方式，一代代卡佩王朝的国王，终于像贪吃蛇一样，几乎把今天整个法兰西的土地，都纳入自己的直接管辖之下。

到卡佩王朝末期，一系列强势君主出现了，其中的代表者，就是腓力四世，或者也叫“美男子”腓力。

腓力是民国时的翻译，放在今天，一般译成菲利普。欧洲历史上叫腓力的国王很多，但只有这一位，得到了一个让人眼红的好名分。我们说过，当时的欧洲文明程度不高，喜欢拿国王的外貌特征起外号。个子矮，就叫“矮子”丕平；头发不富裕，就叫“秃头”查理。当然，如果命好，生了一副大长腿，就叫“长腿”爱德华；长得帅呆了，就叫“美男子”腓力。

腓力四世于1285年即位，是一个安静的美男子。时人记载，他沉默而又神秘，很少开口，却擅长倾听。我们可以想象，这么一个美男子，不说话，只是用深邃的眼神看着你，你也许会忘记了，自己本来要抱怨些什么。一位主教这么评价腓力四世：

“他不是人类，也不是野兽，他是一尊塑像。”

这是一尊有血有肉的、时刻思考着问题的“思想者”。让人惊奇的是，这个安静的美男子，并不是一个中看不中用的花瓶。

他是一个历史上有名的霸道总裁。他一上任，就夺取了法国东南部的勃艮第、里昂，还取得了对佛兰德地区的控制权。这些都是令人眼馋的富饶之地，里昂是今天法国的第二大城市；佛兰德，也就是今天的荷兰、比利时所在地，更是世界上最富裕的地区之一。

腓力起用法学家治国，他一生推动了三百多项法令的颁布，涉及法国社会各个阶层的生活。

从这些法令中，可以看出腓力对社会生活的严厉干预。如1294年的一项禁止奢侈浪费的法令这样规定：任何男女自由民，都不得穿貂皮长袍；哪怕是公爵、伯爵、男爵，一年有6000里弗尔以上收入的，每年最多也只能做四身衣服。

可以想见，这项法令颁布以后，有些人可能会比较愤怒，因为她们再也不能穿心爱的貂皮大衣了，忍受不了的，就集体迁徙到类似于中国东北地区这样寒冷之地。至于公爵、伯爵，每年也最多只能添置四身新衣服，倒是拉近了贵族与平民百姓的衣着差异，但是假如这项法令一直延续下去，恐怕巴黎不会变成今天的时尚之都。

节俭是美德，但这也是真的没钱了。“美男子”腓力在位时，频繁发动对外战争，官僚机构也快速膨胀，这一切把国库掏了个底朝天。

为了弄到钱，腓力向一个强劲的对手举起了屠刀。这个对手，就是卜尼法斯八世执掌的罗马教会。

那么，“美男子”腓力到底要如何挑战教会势力呢？卜尼法斯八世要怎么应对呢？阿维尼之囚到底是怎么回事呢？

腓力为了解决财政危机，不惜向强大的教会势力发起挑战。某种意义上，教会就像是一家经营效益很好的跨国大公司。它的总部设在罗马，就是罗马教廷，但是各国都有它的分公司，就是地方教会。这些分公司虽然设在各国境内，却因为宗教的特殊性质，在世俗政府面前，享有免税的特权。

分公司挣了钱，直接上交给罗马教廷，管你是公爵还是国王，都不得在这上面动心思。

◆ 美男子腓力四世

可是，“美男子”腓力偏偏不信这个邪。他力排众议，向法国境内的教会征税，税率甚至高达教会财产的百分之二十。

卜尼法斯八世一听，火了，当即于1296年宣布，没有教皇许可，国王不得向教会征税，教会也不得向国王缴税，违者开除教籍，也就是剥夺基督徒的身份。

腓力不慌不忙，宣布但凡是法国的臣民，不得将金银、货币、马匹等财物输出国外。这一规定没有直接针对罗马教皇，但是实际上切断了一切人从法国境内向罗马纳贡的可能。

卜尼法斯坚持了一年，终于扛不住，认㞞了。1297年，他宣布，允许教士不必经过教皇同意，自愿向该国国王纳税。也就是说，我不让你给国王纳税，但你自愿纳税的话，我也懒得管。明眼人都能看出来，这是给自己找个台阶下。

双方斗法的第一回合，腓力已经占了上风。

1301年，双方又围绕教会的司法权产生争端。法国西南部朗格多克地区的一名主教，被法院判决有罪。这在今天是很正常的事，但是当年的教士，在所在国的境内，享有司法豁免权，只接受教会内部的审判。类似于列强在晚清的领事裁判权。

◆ 卜尼法斯八世

本来就憋了一肚子火的卜尼法斯，公开对腓力的不守成规，表示严厉谴责和强烈愤慨。没想到，腓力的火气更大，干脆当众烧毁了教皇发表的敕令。

1302年，卜尼法斯再次发表敕令，

宣布要开除腓力的教籍。换作“卡诺莎觐见”的时代，腓力四世这会儿就要向卜尼法斯八世负荆请罪了。

可是时代真的变了。1303年，腓力做了一件让所有人惊掉下巴的事，他决定以国王的名义召开宗教会议，审判教皇。接着，他派出一队人马，南下意大利，于9月7日，在卜尼法斯的故乡阿南尼，将教皇捉了起来。

这伙人的确做得很过分，他们对已经73岁高龄的教皇极尽侮辱之能事，辱骂他，殴打他，还让老人家倒骑在马上游街示众。虽然卜尼法斯八世最后被救了出来，却已经尊严扫地。老人家本来脾气就大，经过这么一番折腾，气得一病不起，没过几天就一命呜呼了。

有人非常贴切地评价卜尼法斯八世这一生：“像狐狸一样溜了进来，像狮子一样统治，又像狗一样死去。”

说的是卜尼法斯靠欺骗和迫害前任教皇，登上教皇的位子，就像一只狡猾的狐狸；在位时颐指气使，到处树敌，活像一头狮子；临末了，又外强中干，被腓力欺负到活活气死，像是一只可怜的落水狗。

在斗倒了卜尼法斯八世之后，法国对罗马教廷的控制，达到了前所未见的程度。1305年，在腓力四世的一手安排下，法国人克莱门五世当选

◆ 阿维农教皇宫

为新任教皇。

这位新教皇的当选，完全是一次违反常规的操作。为什么这么说？因为按照教会历来的规定，新任教皇只能从辅佐罗马教皇的红衣主教团里产生，也就是说，不是红衣主教，就没有资格当选。

可是克莱门五世当选之前，只是法国西南部波尔多的大主教，他从来没有去过罗马，更不是罗马红衣主教团的成员。他借助腓力的支持当选以后，也没有想过要去罗马赴任，他是在法国的里昂加冕的。

1309 年，克莱门五世干脆把教廷迁往了位于今天法国东南部的阿维农。

从 1309 年到 1377 年，在 68 年的漫长时光里，阿维农迎来了七位教皇。他们虽然保持了表面上的独立地位，却不得不受制于法国的政策。实际上，这七位教皇，也全都是法国人，就连随同教皇迁往阿维农的红衣主教团，也大多由法国人组成。

在时人的绘画作品中，罗马城被画成了一个哭泣的寡妇，遭到了命运

的抛弃。

基督徒把教廷被迫迁往阿维农这件事，与公元前 586 年，新巴比伦国王尼布甲尼撒攻破犹太国，把全体犹太人抓去巴比伦城做奴隶的“巴比伦之囚”事件等而视之，因此也有了“阿维农之囚”的说法。

虽然 1377 年以后，教廷终于返回了罗马，但是“阿维农之囚”事件，已经为教廷唱响了挽歌。

基督教势力自从和罗马帝国的统治相融合，就成为欧洲人心中独一无二的崇高象征。即使在西罗马帝国灭亡之后，教会也拥有极高的权威。而当看上去不可一世的罗马教会竟然被法国的世俗王权羞辱甚至驯服之后，这种权威自然就随之被摧毁了。

用通俗的话来说，“阿维农之囚”事件之后，人们认为，既然法国人可以把教会据为己有，那英国人也可以，德国人也可以，任何人都可以。教会还有什么可敬可怕的地方呢？尽管教会还努力地和德国人建立的神圣罗马帝国相结合，但也已经无济于事了。在神圣罗马帝国走向衰落之后，教廷的光荣时代也一去不复返了，伴随着这两个权力中心双双退居历史舞台的幕后，中世纪也已经走向尽头，欧洲即将迎来政治上的全新时代。

当教会势力不可逆转地走向衰落，世俗政权的中央集权之路就必然会愈加畅通。这样一来，欧洲的各个国家都根据不同的国情，走向了各有特色的民族国家建设的道路。用通俗的话说，国王与教皇的斗争，以国王取得胜利而告终。那么接下来国王会做什么呢？当然是加强王权，能扩张的扩张，能争霸的争霸，欧洲历史自然会发生翻天覆地的变化。从这个意义上来讲，“阿维农之囚”事件当之无愧成为欧洲历史的一个非常重要的转折点。

（杨盛翔）

文明的故事

信仰的力量

THE STORY of CIVILIZATION

君主无法真正遁入空门：阿育王与佛教发展

在漫长的世界历史当中，不管是欧洲中世纪还是亚洲近现代，宗教占据了绝大部分的笔墨。我们都知道世界上有三大宗教，分别是基督教、伊斯兰教和佛教。但是如果按信教人数来分的话，佛教根本进不了前三，那究竟是哪个宗教人数竟超过了佛教呢？

其实这个宗教我们一点儿也不陌生，起码近几年你时常会听到。它就是印度教，大部分印度人信仰的宗教。按 2018 年统计数据，印度目前已有 13.5 亿人，再努努力就要超过中国了，庞大的人口基数让印度教跻身前三毫无压力。

其实佛教也起源于印度，甚至历史上曾一度是印度的国教。虽说今日在印度佛教信众已不多，但是在东亚和东南亚地区确实信众众多，传播甚广。而佛教的成功与我们今天要讲的阿育王有着密切的关系，他也是古代印度历史上最伟大的国王。

2010 年 6 月 12 日，是世界文化遗产日。这天，中央电视台做了一场别开生面的现场直播。上午 9 时 15 分，在 108 位海内外佛教高僧的见证下，一座金光灿烂的阿育王塔在南京被打开，这座阿育王塔中盛放的，是佛教无与伦比的圣物——佛祖释迦牟尼的真身舍利。

舍利这个词对于从小看《西游记》以及各种神佛传说长大的你肯定不陌生。舍利是指佛陀或高僧遗骨火化后结成的珠状结晶体。在佛教徒中舍利备受尊敬，是高僧大德生前的功德慈悲智慧的象征。

相传，当年释迦牟尼涅槃后，遗体火化，留下了八万四千颗宛如五色珠一般坚硬、光洁的颗粒，这就是神奇的佛骨舍利。其中，在南京出土的这一颗舍利，原本是释迦牟尼的头顶骨。佛教文献记载，佛的顶骨自然隆起，呈现发髻的形状，这是在凡人中无法见到的殊胜之相。所以，由佛顶真骨烧炼而来的舍利，也象征着释迦牟尼的无上功德。

在佛教中，藏舍利的容器也是有讲究的。印度俗例多用火葬，因此舍利多藏在金属的、石质的、陶质的容器中，埋在地下，稍高出地面的即称为塔。而盛放佛骨舍利的阿育王塔正是我们今天要讲内容的关键知识点，大家记一下哦。

阿育王是印度人民最热爱的一位古代帝王，那么热爱到何种程度呢？今天印度国徽上，那座站立着四头狮子的石柱，就是著名的阿育王石柱，狮子下方的法轮图案，也被画在了印度国旗的正中央。

但有趣的是，在近代以前的两千多年时间里，大部分印度人早就忘记了本国历史上还存在这么一位伟大的君主。一直到 19 世纪，当时印度已沦为英国的殖民地，一位名叫亚历山大·康宁厄姆的英国考古学家，才在中国古代佛教文献的帮助下，扫去了历史的尘埃，让阿育王的故事重见天日。

这位英国的康师傅，早年在派驻印度的军队中服兵役，是一位军事工程师。服役期间，他在恒河岸边的瓦拉纳西城外，无意间发现了一座佛教的圆顶建筑，可是因为印度的古代史料极为残缺，对于这座建筑的意义，他当时完全无法解读。

这里就要提到印度和中国的文化差别了：中国文化更关注现实，所以我们的儒家是入世学问，因此中国人对记录世俗生活的历史也尤其重视；印度人更关注宗教，佛教、印度教、耆那教都产生于这片土地，而宗教只把人间看作肉体暂存的地方，是修得正果之前的一座旅馆，所以印度人过日子十分洒脱，把生老病死都当成过眼云烟，并不重视对现实生活的历史记载。

◆ 阿育王石柱

这可让康师傅大为苦恼，眼看考古工作无法开展，他也只好先返回英国。没想到，康师傅注定与东方有缘。19 世纪四五十年代，两部中国古代的佛教典籍《佛国记》和《大唐西域记》，相继在遥远的英国翻译出版了。两部作品的作者，分别是中国东晋僧人法显和唐代僧人玄奘，玄奘也就是《西游记》里的唐僧。这两位高僧生前都曾经为了求取真经，周游印度。对照法显和玄奘的记载，康宁厄姆发现了一个惊人的事实：原来当年他发现的那座圆顶建筑，不仅是一座佛塔，还是佛祖释迦牟尼觉悟之后，第一次为众生讲经说法的地方，它的名字叫鹿野苑。

大喜过望的康师傅很快回到印度，以后的数十年里，这个英国人参照中国古代的佛教文献，神奇地一点点剥开了古印度的历史。他发现，《大

◆ 鹿野苑

唐西域记》的价值尤其难以估量，书中几乎提供了古印度所有佛教圣地的位置、方向、距离和标记，这些信息不仅详细，而且非常准确。

而后来，他按照玄奘的记载所发现的这处遗址，正是释迦牟尼得道成佛的地方——菩提伽耶。看起来，中国人的那句古话，“出家人不打诳语”，实在是经验之谈。玄奘简直是跨越时空，为康师傅担任了一回导游。

有了玄奘冥冥中的指引，康师傅在鹿野苑挖掘出了阿育王石柱，发现了石柱上镌刻的阿育王敕令，让阿育王的生平大白于天下。

阿育王的名字来自音译，字面意思是“无忧王”，因为他天不怕地不怕，所以无忧无虑。他是古印度孔雀王朝的第三位国王。为什么叫孔雀王朝呢？因其创建者也就是阿育王的爷爷旃陀罗笈多出生于一个饲养孔雀的家族而得名。很好奇，如果他们家养猴子，是不是应该叫猴子王朝？

虽然出身高贵，但是阿育王小时候相貌丑陋，脾气暴躁，是个看起来跟佛教完全没有缘分的刺儿头。但是他有使不完的力气，勇敢无比，曾用木棍杀死一头狮子。

◆ 孔雀王朝雕刻

18岁时，他被任命为地方总督。就在这时候，他的父王病逝了，要命的是，父王像亚历山大大帝一样，死前没有指定继承人。这一下可好，所有王子全都卷入了争夺王位的血腥斗争。

据佛教文献记载，阿育王花了4年时间，杀了99个弟弟，还剩下1个，又逼他出了家，这才终于当上国王。这里的记载可能有些夸张，但是权力斗争的残酷是可想而知的。从小不受待见，又是靠兄弟相残抢来的王位，让登基后的阿育王，变得更加冷血。

他派人监视人民，有谁敢诽谤朝廷，便抓起来迫害、杀死。他决心统一整个南亚次大陆，为此发动了一场又一场侵略战争。到公元前260年，他只剩下了一个对手——位于今天印度东部的羯陵迦王国。于是阿育王亲率大军，志在踏平该国。这场战争进行得无比残忍，阿育王最终取得了胜利，然而，羯陵伽有15万人被俘，10万人战死，还有数十万人受伤，自己这一方的伤亡情况也大致相同，战争还造成无数印度人民无家可归。

如此残暴之人，和慈悲为怀的佛教能有什么关系呢？

所谓放下屠刀立地成佛，说的就是阿育王。

阿育王在前线目睹了战争的全部过程，面对前所未有的大屠杀，他突然感到了一阵空虚。这一刻，他已经将整个南亚次大陆纳入孔雀王朝的版图之中。可是，他却对自己过往的所作所为，产生了强烈的怀疑。我们只知道，羯陵伽战争改变了阿育王本人的性格，也改变了南亚次大陆的历史命运。

战后，说是放下屠刀，立地成佛也好，是人设崩塌也罢，总之，阿育王对自己的暴行进行了忏悔。自此以后，对内，他放弃了暴力统治，对外，他也不再奉行扩张。可以总结成三个关键词：正法、建塔、结集。

正法：他改信佛教，大力宣扬非暴力的佛教教义，废除了斗兽之类的残忍娱乐，禁止杀生祭祀，劝导人们听从父母，尊敬师长，提倡仁慈地对待奴仆、穷人和陌生人。阿育王命人把这些佛教的道德理念，与孔雀王朝的政令、法律一道，刻在石柱或者石碑上，竖立在全国各地。来自英国的康师傅，在鹿野苑发现的阿育王石柱，就是其中的一座。

建塔：阿育王还在全国大兴土木，修了八万四千座佛舍利塔，也就是我们前面提到的阿育王塔。不仅国内大力弘扬佛法，阿育王还向外派出一个个使团，不是为了开疆拓土，而是为了传播佛教。当时，佛教才刚刚发展起来，其影响范围仅限于北印度一带。但是，经过这些佛教传教士的努力，佛教传播到了亚洲、欧洲的许多地方，开始发展成世界性宗教。尤其是在东方，这些僧侣来到西域和新疆一带，从此扎下了根。两百多年后，佛教正是沿着这条路线，在东汉传入了我国内地。

结集：当时印度国内，佛教教派众多，为了消除佛教不同教派的争议，阿育王邀请著名高僧长老召集 1000 比丘，在华氏城举行大结集，此为佛教史上第三次大结集。什么叫结集呢？就是僧人们聚集在一起，对佛陀学说进行讨论、甄别，最终确定一个比较好的版本。通俗地讲，就是对佛教教义的勘定。

阿育王信仰了佛教，但是作为一个君主，他是无法真正意义上遁入空

◆ 阿育王装扮成佛陀

门的。因为他肩头还承担着一个国王应尽的责任。为什么这么说呢？我们要从阿育王皈依佛教后所施行的政策说起。

后世对阿育王所信仰的佛教内涵的研究，主要以留下来的阿育王铭文为材料。印度学者潘达尔卡尔认为阿育王铭文所体现的内容并不是严格意义上的教义，而是一种佛教对世俗信徒的要求。

信徒分为两个层面，第一是阿育王统御下的所有民众，第二是政府的公务人员。在铭文当中，阿育王提出了各种各样的行为准则和道德规范。官员要怎样履行职责、老百姓要怎样生活、社会风貌应该向哪个方向发展等。

我们可以明显看出，这些用铭文的形式公布的佛教信条，实际上成为阿育王信仰佛教之后的国家治理原则。也就是说，阿育王并没有变得“无为”，而是更加“有为”，用自己的权力去推广这一套规则，实际上是把佛教的力量化为己用了。

阿育王在这一时期的一些举措，更能证明这个观点。阿育王在信仰佛教之后，组织了一次重大的结集活动。在这个过程中，作为君主的阿育王显然处于主导者的位置，制定出来的教义必然经他之手向国民宣教。从某种意义上讲，可以说是用佛法来治国了。

不光如此，阿育王为了配合实施佛法，还设置了专门的佛法官吏。公元前 258 年，阿育王设立新机构“护法院”，所有的“佛法官员”都归这个部门管理。与此同时，阿育王时期的地方官员，在履行本职的同时，也要肩负起宣扬佛法的责任，甚至于还专门规定王室贵族和高级官员要定期到地方巡视，监督佛法宣教的执行情况，可以说是力度很大。

而经过这些举措，孔雀王朝全国上下自然就逐渐向阿育王式的佛教社会靠拢。所以，我个人认为，阿育王对佛教的皈依，实际开启了古代印度的一场社会改造运动。

所以，君主无法真正意义上地遁入空门。我非常相信阿育王本人的信仰是很虔诚的，但当一个国家君主开始虔诚信教，并举全国之力推广时，这就不再是单纯的宗教问题，而是政治问题了。

（杨盛翔）

好好念《圣经》，不许开奥运会：狄奥多西立基督教为国教

第一届现代奥运会是1896年在希腊举办的。现代奥运会的发起人、法国人顾拜旦先生，希望通过举办竞技比赛，来激励现代人增强体质，实现“更高、更快、更强”的人生目标。

第一届现代奥运会之所以在希腊举办，是因为奥运会本身起源于古希腊。古代奥运会的许多具体赛事，也直接演变成了现代奥运会的比赛项目，像铁饼、标枪、跳远、搏击、赛跑、摔跤、拳击、马术，都可以从古代奥运会中找到先例。

比如，历史课本应该告诉过你，古时候的雅典人在公元前490年的马拉松战役中，打败了波斯入侵者。战斗结束后，他们派出一位名叫斐力庇第斯的士兵，让他先行返回雅典报信。这位斐力庇第斯竟然一口气跑了40多公里，把胜利的喜讯提前报告给家乡父老，这就是现代马拉松赛事的前身。

可是你知道吗，在古希腊不但士兵们的身体素质爆表，他们的学者们竟然也多是健身达人。大哲学家柏拉图，拿到过奥运会自由搏击比赛的

◆ 古代希腊奥林匹克运动会庆祝瓶画

冠军，甚至还在下一届成功卫冕。有学者认为，他的名字 Plato，原意即“宽肩膀”，这是描述柏拉图本人的型男身材。

不仅如此，留下经典名言“人不可能两次踏入同一条河流”的德谟克利特；将数学与哲学结合起来，发现了勾股定理的毕达哥拉斯；还有柏拉图的老师，在街上逮住谁，就跟谁辩论半天的苏格拉底；以及柏拉图的高徒，做过亚历山大大帝的家庭教师的亚里士多德，也都曾经参加过奥运会。

这么说来，古希腊的哲学家，似乎肌肉都与大脑一样发达。

这种情况，与大约同时代的中国挺相似的。孔子教育弟子的课程表，包括礼、乐、射、御、书、数六门功课，这里面的“射”就是射箭，“御”就是驾驶马车，都是十足的体力活。相传孔子本人高大魁梧，武艺高强，

◆ 狄奥多西方尖碑底座雕像

既是个超会读书的士子，更是个仗剑走天涯的武士。

古希腊各行各业涌现出健身达人，与各城邦积极参与奥运会，由此形成的热爱运动的民风密不可分。

不过，与现代奥运会不同，古代奥运会绝不只是一场竞技盛会，本质上，它是一种宗教庆典。

古希腊人相信，在奥林匹斯山上，生活着法力无边，又闲来无事喜欢干涉人间的众神。其中的带头大哥便是主神宙斯。奥运会就是为了祭祀他，才定期在奥林匹亚这个地方举办的。所谓的体育竞技，不过是一种特殊的祭祀仪式，与求神拜佛是一回事。相传，希腊神话中的大力神赫拉克勒斯也参加过奥运会，并且获得过胜利，还亲自定下了每四年举办一届奥运会的规定。

当然了，就像许多宗教节日，比如圣诞节、万圣节，最后都发展成娱乐、消费的剁手节一样，古代奥运会发展到后来，也慢慢变成了一场盛大的派对。各个国家的使节会赶在这时候碰头，签订条约，学者会登台演说，推销自己的理论，诗人、雕塑家忙着展示作品，谈个好价钱，时尚界的弄潮儿也会盛装出席，卖弄风情……这与现代奥运会吸引各国游客，拉动举办国的旅游观光事业，没什么两样。

尽管如此，古代奥运会作为希腊宗教节日的属性没有变，由各国代表共同参加的宗教祭祀，仍然是奥运会最重要的节目。

因为有了奥运会这么一件事，希腊人才会在共同祭祀神灵的过程中，凝聚起民族精神，在相互掐架之后，一拍脑袋想起来，哦，我们到底还是一家人嘛！这就是古代奥运会对于古希腊的特殊意义。也正因为如此，从公元前 776 年到公元 393 年，古代奥运会举办了 292 届，跨越了 1000 多年历史，是一项了不起的成就。

但是，也恰恰是因为自带的宗教气息，到了罗马帝国时期，奥运会开始遇到麻烦，最后，竟然被迫停办。

而这一切，要从基督教在罗马帝国时期的发展史说起。

今天，基督教是世界第一大宗教，拥有 20 多亿信徒。可是，基督教并非自打一开始，就受到罗马人和后世西方人的欢迎。不仅不欢迎，罗马人甚至对基督教长期抱有敌意。这么说起来，是罗马人的宗教态度不够宽容吗？恰恰相反，罗马人作为地中海世界的后起之秀，开化得相当晚，对于周边先进地区的宗教，向来是抱着开明态度的。他们的策略相当实用主义，用一句话概括，大体属于，只要你听话，我就把你的神列入万神殿供起来这么个意思。

在保留至今的罗马万神殿里，希腊的奥林匹斯众神、埃及的伊西斯女神、两河流域的密特拉神，都曾经有自己的位置。所以你读古希腊罗马神

◆ 罗马万神殿

话会发现，罗马神话中的众神，几乎就是希腊众神的翻版。只不过希腊的宙斯搬到了罗马，要换个名字，改叫朱庇特，如此而已。古罗马的宗教是多神教。

古罗马大学者西塞罗在《论神性》这本书里就说，人们为什么要把最伟大的主神的头衔，赋予朱庇特呢？不是因为朱庇特把人变得更加公正、节制、聪明，而是因为它让人过得安全，兜里还有俩钱儿。

这种态度，与内心里并不信教，但不管路过什么庙，里面供的是什么佛、什么仙，总想拜一拜的中国人，是不是还挺像的？

宽容，说到底，是因为不在乎。

可是基督教徒对待其他宗教的神，就做不到这么心平气和。原因很简单，基督教属于严格的一神教，具有极强的排他性。原先的朱庇特也好，伊西斯也好，是可以和其他地区的神灵坐下来，喝两杯，聊一聊的。但是基督教的上帝，绝不会容忍信徒崇拜其他神灵，那种行为在基督徒眼中，是会下地狱的。

麻烦出现了。这就好像民主制度的一个悖论一样，理论上，民主制度愿意且必须容忍任何不同意见，但有一种意见，是民主制度万万不能容忍的，那就是鼓吹专制，反对民主的意见。因为如果让专制进入民主游戏，就会破坏游戏规则本身。

基督教的存在，便威胁到了罗马为宗教制定的游戏规则。更何况，罗马皇帝与自称天子的东方皇帝一样，也自封为神，你基督徒否定这一点，难道是想推翻罗马帝国吗？这就难怪，罗马帝国会少见地迫害起基督徒了。不仅耶稣基督被钉上十字架，圣保罗被砍了头，一直到 4 世纪初，一代雄主戴克里先大帝，还热衷于把基督徒扔进斗兽场里，看他们表演斗狮子。

可是，基督徒却顽强地坚持了下来，罗马帝国杀了一代又一代殉道者，到后来，这种信仰竟然越来越强大，信徒遍及各个阶层，反倒是罗马帝国的国势，变得日渐衰弱起来。

进入 4 世纪以后，罗马皇帝逐渐发现，他们不仅没有力气再去迫害基督徒，还要依靠基督教来维持国家的向心力了。当时，在罗马军队里，上至军团长，下至普通士兵，有许多人是基督徒。如果谁再继续打压，或者不信任基督教，就无法继续指挥军队。

公元 313 年，君士坦丁大帝第一个缓过神来，颁布了《米兰敕令》，基督教从此获得合法传教的权利，基督徒再也不用担心受到迫害了。君士坦丁本人也在去世之前，受洗为基督徒，起到了表率作用。君士坦丁大帝有句名言："一个神灵，一个皇帝，一个帝国。"这清楚地表明了，基督教对于维护罗马大一统的重要性。

其实，我们只要想一想，在与罗马同时代的中国汉代，儒学为什么会受到统治者的青睐，被用作捍卫大一统的思想武器，也就不难理解这个问题了。

基督徒翻身做主人的高潮，在公元380年到来了。那一年，狄奥多西大帝正式将基督教奉为国教。也就是说，从4世纪初到4世纪末，在不到一个世纪的时间里，基督教从被打压的地下宗教，完成了大逆袭，一举成为罗马帝国的国教。

◆ 狄奥多西的方尖碑

这样的剧本，搁在戴克里先时代的斗兽场里，甭管是哪位观众，恐怕都想不到吧？

不过，问题也随之而来，基督教在还没有成为国教之前，就已经坚决排斥其他信仰了，现在它升格为国教，其他信仰还有活路吗？

当然不能有。狄奥多西大帝戎马一生，人狠话不多，他上台不久，就在宗教问题上主动出击。他颁布法令，禁绝所有异教信仰，还号召大家砸烂祭祀奥林匹斯众神的圣殿，大有与传统文化划清界限的气势。眼看宙斯被上帝赶下了台，祭拜宙斯的奥运会自然也跟着遭了殃。

公元393年，狄奥多西大帝下令，从此以后，禁止举办任何基督教之外的宗教仪式，作为希腊多神教的宗教庆典，奥运会自然被列入了黑名单。就这样，狄奥多西只用了一纸法令，就为古代奥运会长达上千年的历史画上了句点。

立基督教为国教，是狄奥多西本人的一件小事，却是罗马帝国的一件大事，更是西方文明史上最重要的历史事件之一。回看后来这两千年的历史，这件事的重要意义，可以与东方的汉武帝“罢黜百家、独尊儒术”相提并论。

但是，对于生活在蓝天大海之间，天性爱闹、爱玩儿的希腊人来说，还是有点遗憾的吧，毕竟再也没有奥运会可看了，大家还是好好读《圣经》吧。

（杨盛翔）

重建信仰：基督徒生活在『上帝之城』

在罗马帝国的后期，共和国时期就发生的冲突不但没有因为转化为帝国制而化解，反而越来越严重了，出现了四帝共治，分裂的危险因子蠢蠢欲动。

不断扩张的帝国就像一个大家庭一样，容纳了来自五湖四海各种各样的民族与文化。可以想见，人与人之间互不理解、互不信任的程度也就加深了。不但如此，罗马帝国的贵族阶层也越来越脱离群众，腐败堕落。究竟有什么办法才能统一帝国，并且遏制日益腐败的趋势呢？

其实说起罗马，它自己并没有多少文化资源可以利用。毕竟，罗马是一个特别注重军事、注重实践的民族，一直没有发展出一套精致的学说，让普天下的人们都能够接受。到了公元 2 世纪后期，罗马帝国出现了近百年的混战时期，后来历史上称为“三世纪危机”。

此时，有一位伟大的皇帝诞生了，这就是君士坦丁大帝。他结束了罗马四帝共治的局面，重新统一了帝国。他下令建立的君士坦丁堡成了拜占庭帝国在此后一千多年中的首都。他是罗马帝国历史上为数不多的

“大帝”之一。而与这些辉煌成就一并被人提起的还有一件事情，甚至在某种程度上是这件事情让他一直被人们记住——他是第一位信仰基督教的皇帝。

在基督教发展的早期，由于它冲击了罗马人本土的神祇，同情穷人，反对罗马政府的残酷统治，深得底层人民群众的喜爱，所以经常受到罗马帝国的打压与迫害。可是基督教却有一个最大的好处，那就是它有教无类，任何人都可以自由地信仰它。罗马帝国时期所流行的各种宗教文化，很多只是局限在一个民族或一种文化内部，而基督教却能够冲破外在的阻拦，接纳了贫富贵贱各种各样的信徒，从而很快流行了起来。

而我们故事的主人公君士坦丁大帝，就在这样的局势下成为世界上第一位信仰基督教的皇帝。公元 272 年，君士坦丁出生于罗马帝国的麦西亚行省。他自幼英勇善战，表现出极高的军事天赋。在登上皇帝的宝座之后，君士坦丁大帝发现，他的前任皇帝们尽管疯狂打击基督教信仰，但人们信仰基督教的热情却有增无减。此时的罗马帝国正需要统一的信仰来维持统治。他思来想去，决定不再违背历史发展的趋势，开始接纳和宽容基督教信仰。公元 313 年，君士坦丁大帝大刀阔斧地对宗教政策进行改革，对基督教不再打压，而是予以法律上的保护。

说起这一改革，还跟一件神秘的往事有关。公元 312 年，君士坦丁大帝率军参加了一次意义重大的战役。可是究竟能不能打赢呢？他心里面一点儿把握都没有，日日焦虑，茶饭不思。就在正式出征的前一夜，君士坦丁大帝在睡梦中梦到了一个奇怪的景象：他看到了一个巨大的十字架，走近一看，十字架上闪耀着一行字，上面写着：“在它的庇佑下，你必将得胜。”没想到第二天战役开始之后，士兵们果然士气高涨，势如破竹，很快就打赢了这场战役。

◆ 君士坦丁的洗礼

这件事情对君士坦丁大帝触动很深。他开始意识到，原来信仰的威力可以这么巨大，居然可以扭转战争的输赢。于是就在第二年，君士坦丁大帝正式颁布了著名的《米兰敕令》，不但赐予基督教合法的地位，同时还向信徒们归还了以前所没收的财产。就这样，基督教从一个信仰人数很少的宗教，逐步成了罗马帝国的官方宗教。

我的理解是君士坦丁是在赌国运，赌基督教能作为一个超越性的力量统合过于多元化的罗马，所以不惜编造了一个梦。

可是即便接纳了基督教，罗马帝国也并没有真正改变衰亡的命运。就在君士坦丁大帝去世后的40年，罗马城被外来的蛮族入侵所毁灭，而罗马帝国的历史也就此终结了。

有趣的是，在罗马帝国面临毁灭的时候，真正着急的反而是基督徒。因为罗马帝国早已经和基督教信仰牢牢绑在了一起，人们普遍相信，罗马帝国信仰了基督教就能够长盛不衰。反过来，基督教之所以能够迅速发展，也得益于罗马帝国的保护。可是现在罗马帝国都崩溃了，还有必要再去信仰基督教吗？更有甚者，很多人质问基督徒，是不是因为罗马帝国接纳了基督教，所以才走向了衰落与灭亡？

◆ 奥古斯丁像

就在这个时候，西方基督教历史上最伟大的神学家奥古斯丁站了出来，他雄辩地向人们证明，罗马帝国的衰亡和基督教信仰毫无关系，绝不能把账算在基督徒的头上。而且真正的基督徒并没有生活在罗马帝国之中，而是生活在信仰上帝的天空之城中。这就是影响西方极为深远的“上帝之城”学说。

乍看上去，奥古斯丁应该是一位博学慎思、忧患意识很强的大人物才对。可事实上他的成长经历恰恰相反，按今天的话说，奥古斯丁是一位不折不扣的“熊孩子”，而且风流成性，一点儿也不让父母省心。

公元 354 年，奥古斯丁出生于罗马帝国的北非地区。他的母亲是一位虔诚的基督徒，眼见着自己的儿子一天天长大，却对信仰无动于衷，于是常常痛哭流涕，责怪自己生出了一位不知廉耻的孩子。

早在上学的时候，奥古斯丁就已经与一位女子长期同居，还有了一个私生子。不但如此，他还喜欢作恶多端。有一次他和一些小伙伴在路边看到别人家中种植着一颗茂密的梨树，奥古斯丁伸手就偷，趁着主人不在之际，偷走了很多梨。他暗自窃喜，觉得自己占了很大便宜。不但如此，为了享受做坏事的乐趣，他还把自己偷来的梨全都喂了猪，糟蹋得一干二

◆ 君士坦丁凯旋门

净，这才心满意足地离去。

就是这样一位看起来无可救药的小孩儿，却在 19 岁那年因为阅读了西塞罗的著作，自此以后性情大变。

他发现原来追求真理要比追求欲望的满足更让他快乐。可真理究竟在哪里呢？为了找到心中的真理，奥古斯丁广泛结交师友，阅读了古希腊、古罗马哲学家们的各种著作，但却都不能令他满意。而且与此同时他还勾搭上了另外一位女子，生活更为放荡不堪。

就在这时，发生了一件彻底改变奥古斯丁一生的奇迹。在阅读了一些基督教方面的著作之后，他发现那些古代圣徒们道德如此高尚和圣洁，令

他惭愧不已。他一面深深陷入自责，一面奔向附近的花园，在树下哭泣。突然，天空中飘下一段儿童的声音，那声音说："拿起来吧！读吧！"奥古斯丁立刻抹掉了眼泪，拿起一本他正在读的书。没想到刚一翻开，第一句映入他眼帘的话就是："不可荒宴醉酒；不可好色邪荡。不要为肉体安排，不要去放纵私欲。"

这句来自《圣经》的告诫，一下子像闪电一般击中了奥古斯丁。他终于意识到，原来自己苦苦追求的真理，就是基督教信仰。这就是"花园悟道"这个典故的由来。

在经历了这次奇迹之后，奥古斯丁断绝了与情妇的交往，辞去了工

◆ 穿着主教衣服的奥古斯丁

作，来到一处山庄隐居，研究学问，并随后受洗，成为一名基督徒。此后，奥古斯丁全身心地投入神学研究和教会建设的工作中。他不但平息了教会内部的各种斗争与分歧，还留下了一大批杰出的思想经典。与此同时，他也亲身经历了罗马帝国覆灭的全部过程，并通过《上帝之城》这一巨著，成功捍卫了基督教信仰，为很多迷茫与绝望的人指出了光明的道路。

罗马帝国虽然灭亡了，可是基督教的信仰却因为奥古斯丁的努力而在欧洲保存了下来。基督教改变了罗马，罗马也改变了基督教。

（雷思温）

十字军东征：文明冲突与利益之争

“世间若有十分美，九分在耶路撒冷”，这是犹太人口传经典《塔木德》中的一句话。

可能很多人都有一个疑问——耶路撒冷为什么如此重要，重要到三大宗教都抢着称它为圣城？耶路撒冷在希伯来文中是“和平”的意思。而“撒冷”这个音，与阿拉伯语“和平”“平安”发音极为相近，所以，耶路撒冷从诞生开始就象征着人类的美好愿望，也折射出犹太教、基督教与伊斯兰教的共同渊源。

当然如果仅仅是因为发音这太牵强了。真正的原因是：对犹太教来说，这里有所罗门圣殿；对基督教来说，这里是耶稣升天的地方；对于伊斯兰教来说，在这里他们的创始人穆罕默德与真主聊过人生。

今天，巴勒斯坦和以色列还因为它争得不可开交。有人认为，它的动荡都是宗教惹的祸。犹太教、伊斯兰教、基督教都把这座城当成圣城，为争夺它引发了无数次的战争。欧洲历史上持续了近 200 年的十字军东征也是因它而起。

◆ 神圣的耶路撒冷

罗马帝国分裂后，耶路撒冷归在东罗马帝国的版图内，但西罗马帝国的基督徒也把它当成圣城。公元 7 世纪，伊斯兰教兴起，穆斯林从东罗马帝国手中夺得耶路撒冷。当时大部分穆斯林统治者奉行较为宽容的宗教政策，保护了基督徒和犹太人的宗教权益。大家相安无事了一段时间。

但 400 年后，信奉伊斯兰教的突厥人兴起，对内打压同教的阿拉伯人、波斯人，对外多次打击信仰异教的东罗马帝国，显得非常好战。这样的“狠人”形象传到西欧，使得很多人认为耶路撒冷的基督徒遭到了突厥人的虐待。罗马教皇就以宗教为名，号召人们收复“失地”。

在教会的感召下，居然有十万人加入东征的队伍中。他们有农民、手工业者、商人、封建领主、骑士。总之社会各个阶层都加入东征之中。教会授予每个战士一个十字架，组成的军队就叫作十字军。

难道十万人的十字军真的都是因为宗教信仰才加入东征的队伍中的吗？可没那么简单，参加战争的各个阶层都有自己的小算盘。

中世纪的欧洲，社会的各个阶层都发生了一定的变化。在社会金字塔之上的教皇、封建领主们想要扩大他们的势力，攫取更多的土地和财富；处于金字塔下端的小生产者和农民们，由于封建领主的剥削，没有自己的产业和土地，大部分人都无法维持自己的生活，他们也想通过掠夺获得更多的财富；欧洲新兴的商人，苦于没有广阔的商品市场，无法进行大规模的商业贸易，因此他们想通过东征打开商道。而在他们中间，还有一个非常重要的阶层，就是“骑士”。

虽然现在我们提起“骑士”总会充满浪漫的想象，可实际只是表面光鲜而已。当年欧洲有个规矩，叫作长子继承制，大部分的贵族们肯定不只有一个儿子，所以其他的那些儿子顶着贵族的头衔，却完全没有财富继承权。这些人就是骑士阶层，他们游走于上流社会，却无所事事，没有经济来源，有些骑士甚至只能靠打劫来维持生活，他们更加急迫地想通过战争获得财富。

因此，无论是教皇、封建主，还是小生产者、农民、商人、骑士，他们都有一个共同的目的——获得财富。所以也有一种观点认为，十字军东征不过是打着信仰的旗号的一场财富的掠夺战。

1096 年的秋天，十万人的东征大军浩浩荡荡地出发了。这支队伍看

◆ 第一次十字军东征中的战斗场景

似人数众多，实际上只是在财富的诱惑下，聚集在一起的乌合之众而已。他们没有进行过统一的训练，水平参差不齐，武器装备也五花八门。他们的主帅博希蒙德是一个意大利公子，虽然是主帅，但是领导力不够，各国军队内的将领谁也不听他招呼。由于缺少食物，疾病丛生，他们一年之后才到达通往圣地耶路撒冷的大门——地处今日叙利亚的东方名城安条克。安条克依山靠海，由穆斯林士兵驻守，易守难攻。

最初，十字军的信念十分坚定，每日都念诵出征前教皇的训示："勇敢非常的骑士们啊，踏上前往圣地之路吧，将这国度从可憎民族的手中夺取过来，并使它服从于你们的力量。"

但是随着冬天的到来，十字军的补给渐渐不够了，他们开始坚持不住，尤其是那些整日养尊处优的骑士们。

眼见着十字军包围安条克已经进行了将近一年，却丝毫没有进展，士兵们的士气一日不如一日，主帅博希蒙德非常焦急。他想了一条妙计，就是用钱策反。他买通了安条克城的守卫，许诺攻城后赏给他大量金子。在这名叛徒的帮助下，十字军终于攻入安条克城。

接下来，十字军掠夺财富的狰狞面孔展露无遗。他们没有马上在城内进行军事部署，而是疯狂地进行掠夺和强奸。他们把围困安条克城一年的怨气都撒在了穆斯林身上，屠杀了大量无辜的人。由于十字军忙着烧杀抢夺，并没有马上进军耶路撒冷，这就留给了穆斯林反攻的时间。穆斯林很快卷土重来，又将十字军围困在安条克城里。

这下好了，十字军从围攻安条克城变成了被困安条克城。由于城内供给不足，十字军很快崩溃了，他们只能靠吃战马维持体力。后来连马都吃不到了，就只能吃野草，甚至吃人。

难道轰轰烈烈的十字军东征就这样可耻地失败了吗？绝望的基督徒们何处可以求生呢？

不知是因为历史总是充满了转机，还是因为我们总爱记录那些跌宕起伏的故事。当十字军的命运似乎已经决定了的时候，所谓的“奇迹”出现了。

这时，有人宣称在城内发现了“圣枪”，也就是当年罗马士兵刺入耶稣身体内的长矛。博希蒙德看见这个圣物之后，大受鼓舞。他借此机会召开朝圣大会，高声质问士兵们：“你们忘了此行的目的吗？”

尽管是为了利益而来，毕竟那个时候人一出生就浸泡在浓厚的宗教气氛中，在圣物的鼓励下，十字军爆发出了平时不可想象的勇气与力量，不顾一切地冲出了安条克城的大门。他们仗着地形优势直插伊斯兰方阵内，战乱中仍听见主帅在高喊：“我们为耶稣而来！我们为上帝而战！”

在这样破釜沉舟的猛烈攻击下，伊斯兰士兵彻底被击垮了。十字军建立了属于自己的领地，之后，他们选择了向耶路撒冷进发。

◆ 十字军焚烧异教徒的著作

在从欧洲出发三年后，十字军终于抵达耶路撒冷。此时的人数已经大大减少，只剩下步兵 12000 人、骑兵 1300 人了。即使这样，他们的人数还是远远多过耶路撒冷守城的士兵。不过耶路撒冷守城的士兵屡次击退了十字军的强大攻势。面对这种情况，十字军建造了很多云梯，企图依仗人多，强行爬上城墙。

十字军从四面八方对耶路撒冷展开了强烈的攻势，然而还是没有攻入城池。最后他们决定建造和城墙一样高的攻城塔攻城，使用兽皮遮盖住攻城塔抵御弓箭，一步步地移近城墙。

守城士兵们向攻城塔泼油并且投掷火炬，烧死了不少十字军。但是大量的攻城塔还是不断地被运来攻城，并辅以火攻，最终破城。坚守了40多天的耶路撒冷陷落在十字军的铁蹄之下。

十字军在耶路撒冷的胜利震慑了整个伊斯兰世界。要知道耶路撒冷不但是基督徒的圣城，也是穆斯林除麦加、麦地那之外的第三圣城。双方这个深仇大恨算是结下了。但十字军自己却被成功的喜悦冲昏了头脑。他们又一次原形毕露，进城后大肆掠夺财宝，摧毁清真寺圣殿，毫无忌惮地欺侮穆斯林女性，疯狂地屠杀百姓，包括大量妇女和儿童，据说耶路撒冷城内的鲜血几乎没过脚踝。十字军得到了自己梦寐以求的东西，却也激起了所有穆斯林的怒火。

第一次十字军东征打下耶路撒冷之后，带着大量财宝回到欧洲，只留下少量的士兵把守地中海东岸的诸多城池。问题逐渐暴露出来：沿岸领地的战线过于漫长，不利于城池之间互助防守，很快就有多处被伊斯兰军队攻破；被欺压的百姓纷纷加入伊斯兰的队伍反对十字军；十字军内部分赃不均导致矛盾增加，越来越不团结。就在十字军的战斗力逐渐衰弱时，各个穆斯林王公结成反十字军的联盟，相互许诺及时出兵支援，不再让十字军借着“圣战”的名义掠夺自己的国家。

于是基督教世界再次组织新的十字军东征。后来的几次，不仅以失败告终，还逐渐地失去原来打下的据点。1187年穆斯林在萨拉丁的率领下重新占领了耶路撒冷，而且穆斯林军队没有采取像十字军那样的强盗行

◆ 十字军占领君士坦丁堡

为。他们没有屠杀一个人，也没有毁掉基督徒的圣墓教堂，甚至还允许基督徒自由出入耶路撒冷，参拜他们神圣的教堂。

当耶路撒冷又被穆斯林占领的消息传到欧洲后，教皇当场被气死。继任的教皇格里高利八世下令组织第三次“东征”，妄图夺回耶路撒冷。不过一切都已无济于事了，十字军没有再次攻下耶路撒冷。但是他们获得了进入耶路撒冷朝圣的机会，从这次东征以后，圣城也开始对所有的宗教开放。

十字军的行动给地中海附近的国家和人民带去了难以弥补的灾难，也使很多欧洲家庭支离破碎。十字军不但将屠刀挥向了穆斯林，甚至还对犹太人痛下狠手。更可笑的是，第四次东征的结果是天主教的十字军洗劫了东罗马帝国的首都君士坦丁堡，打了一次基督教世界的“内战”。

战争是残酷的，而十字军东征无论对它的发起方还是受害方来讲，都是一场旷日持久的劫难。

但是从另一个方面说，战争对外也是文明之间接触交流的一种方式。十字军东征给落后蒙昧的西欧带回了东方先进的文明，还在东征的过程中发现了在欧洲已经消失了却仍在当地存在的古希腊文化的残存，欧洲人将它们带回后，间接促进了文艺复兴的出现。

有意思的是，十字军东征最初是以保卫基督教信仰为旗号号召西欧各国参战的，但是到了最后，基督教却与伊斯兰教在一定程度上达成了和解。而和解的前提当然是让双方都能妥协的利益再分配方案。比如穆斯林领袖萨拉丁就和英王理查达成了协议，重新划定了双方的势力边界，并且留出了可供人们自由旅行、贸易以及参拜宗教场所的区域。

战争对内是社会变革的催化剂，深深撼动了欧洲的社会关系。那些见过世面的农奴不再终身束缚在土地上，变成了自由民，加速了西欧手工业、商业的发展。而作为“圣战”发起者的罗马教廷建立世界教会的企图不仅完全落空，还在让西欧的统治者和平民都付出了惨重的代价之后，其威信大大降低。这些都促成了后来的文艺复兴、宗教改革以及近代中产阶级商业文明的兴起，进而塑造了近代的欧洲。

西欧中世纪的两大统治支柱就是神权和王权。而十字军东征让这两大支柱都受到了相当程度的冲击，从而为西欧的近代化打下了一定的基础。在浩劫中却埋下了进步的种子，这可能也是文明进程中在情理之外却又在意料之中的收获吧。

（胡晔）

伊斯兰世界的中兴之主：萨拉丁

前面我们专门讲过十字军东征，只不过集中讲的是第一次和第二次的十字军东征。其实历史上西欧一共进行了九次十字军东征，其中第一次和第二次是人们经常提及的。

在这九次东征中，十字军总体上是失败的，因为他们只有两次占领过耶路撒冷，分别为第一次和第六次。不管结果如何，持续了将近 200 年的十字军东征可以算得上是中世纪历史轰轰烈烈的大事，在这过程中，出现了许多传奇人物，比如前面提到的“狮心”理查、爱德华一世等。

我们今天要讲的这位是他们的对立面——“阿拉伯雄鹰”萨拉丁。就是他在 1187 年率领穆斯林重新占领了耶路撒冷，给十字军致命一击。他的出现开启了伊斯兰世界辉煌的篇章。

接下来我们就来听听关于他的传奇吧。

萨拉丁，全名是萨拉丁·优素福·本·阿尤布·本·沙迪·本·马尔旺·艾勒·阿尤比。暂且不讨论阿拉伯人的名字为何如此烦琐，其实我也不知道。反正里面有他爹、他爷爷的，还有他好几辈祖上的名字，我们记得萨拉丁和阿尤布就行了。

萨拉丁是伊斯兰教礼拜的意思。以后只要说到人名萨拉丁，大家就会想到他，不会是别人。阿尤布是他爹的名字，萨拉丁创立的王朝就叫阿尤布王朝。阿尤布啥意思，大家还是自己查吧，反正不重要。萨拉丁并不是一开始就是埃及贵族，他是中东库尔德人，属于伊斯兰教逊尼派。他和他的叔叔施尔科曾被派往埃及驰援对抗来犯的十字军。

施尔科因有功被埃及法蒂玛王朝（也就是中国史书上记载的绿衣大食）册封为维齐尔，相当于我国古代的宰相。可惜他叔叔接受册封后不久就去世了，他的维齐尔一职，便由侄子萨拉丁继承。

萨拉丁一生有两个心愿：一是使埃及回归逊尼派的阵营；二是战胜十字军。

你可能会有疑问，逊尼派是什么意思呢？这里就有必要详细介绍一下伊斯兰教的派别了，对你理解当今的中东局势也有帮助。

伊斯兰教有多个教派，其中最大的是逊尼派，紧随其后的是什叶派。这两派主要是因为在穆罕默德继承人的问题上，发生了分歧。先知穆罕默德归真后，在该谁来继承伊斯兰教最高领袖的职位哈里发这个问题上，教内分成了两派。一派认为必须由穆罕默德的亲属继承，他没有儿子，应该由穆罕默德的堂弟兼女婿阿里及阿里的后代继承，他们组成了什叶派。

但是这种观点遭到了多数穆斯林的反对，他们主张继承人应由穆斯林公社根据资历、威望选举产生。拥护这个观点的被称为逊尼派。数百年来，这两派之间不仅就教义进行论辩，还频频诉诸武力，赔上了许多性命。

逊尼派建立的政权称为阿拔斯王朝，也就是中国史书上的黑衣大食，统治着叙利亚、伊拉克、阿拉伯半岛等区域。什叶派则在埃及建立了法蒂玛王朝。

由于教义不同，法蒂玛王朝在外交上独来独往。这里的统治者公开自称哈里发，企图与伊斯兰世界的天下共主巴格达阿拔斯王朝的哈里发平起平坐。

这里的穆斯林，在礼拜五，也就是伊斯兰教主麻日的聚礼上，不称颂阿拔斯王朝哈里发的名字，而是以法蒂玛王朝哈里发的名字取而代之。现在，逊尼派教徒萨拉丁在法蒂玛王朝担任维齐尔，掌握了实权，他决心改变这一切。

1171 年，萨拉丁推翻法蒂玛王朝，亲自掌管了埃及。他没有像法蒂玛王朝的统治者那样自称哈里发，而是自降一级，以苏丹的名号称呼自己。“苏丹”是世俗君主的称号，而“哈里发”是宗教领袖的称呼，在伊斯兰世界宗教领袖的地位高于世俗统治者。随后他下令，埃及回到伊斯兰逊尼派的怀抱。在主麻日聚礼上，埃及的穆斯林，要像其他各地的逊尼派穆斯林一样，念诵阿拔斯王朝哈里发的名字。以此为基础，萨拉丁一步步抹去了什叶派在埃及这片土地上留下的所有记忆。

他的一些做法，放在今天来说，也不无争议。比如，为了筹措经费，他变卖了开罗图书馆中的大量珍贵书籍。因为这些书籍是在法蒂玛王朝时期抄写、收集而来的，带有什叶派的色彩，但在某种意义上，这些珍本、善本所蕴藏的文化价值，却是超越教派和时间的。

萨拉丁在埃及恢复逊尼派教义的努力，得到了巴格达的认可。

1175 年，阿拔斯王朝的哈里发，正式把埃及、北非、阿拉伯半岛、巴勒斯坦、叙利亚等地，赏赐给萨拉丁。

这份圣旨听起来慷慨至极，其实拿今天的话来说，只是口嗨而已。12世纪的阿拔斯王朝已不如7世纪刚刚兴起之时有实权，早就是形同傀儡，圣旨提到的这些地方早就已经独立，各自称苏丹，不再听命于巴格达了。

它们中的一些，已经被萨拉丁征服，另一些也即将被他纳入掌中。所以，哈里发的赏赐几乎是一纸空文。

但不管怎样，有了最高精神领袖哈里发的认可，萨拉丁扩张地盘的行动就变成了合法之举。就像东汉末年，皇室再弱，曹丞相也要挟天子以令诸侯。此后的十年间，萨拉丁东征西讨，成为整个伊斯兰世界最有权势的统治者。属于他的土地，比阿拔斯哈里发所能直接管辖的土地要广阔得多。

到这个阶段为止，萨拉丁完成了人生中的第一个小目标，也为第二个小目标打下了坚实的基础。

他建立了属于自己的庞大政权，不光占有了人力物力都相当富有的埃及，还把叙利亚等地也合并到自己的势力版图当中，为他后来所要进行的对十字军发起反击的宏大目标奠定了良好的基础。

他通过尊奉逊尼派为正宗，使得伊斯兰教的内部各势力重新整合，有了再度统一的趋势与可能性。从短期来讲，这也是服务于他对中东地区乃至来自欧洲的敌人的斗争策略，从长期来讲，这对伊斯兰世界自身的发展走向产生很重大的影响，比如，埃及一直到今天都是逊尼派国家。

同时掌握了宗教和政权的力量，也预示着萨拉丁必然会成为伊斯兰世界的中兴之主。

但是，萨拉丁的目标过于远大，其征服的过程必然不会是一帆风顺的。他一定会面临外部和内部的多重挑战。萨拉丁的迅速扩张，引起了伊斯兰世界其他势力的不满，这种不满情绪，最后竟然诉诸两次暗杀行动。

当时有一个穆斯林暗杀组织——阿萨辛人，拥有一批技艺高强的特务和刺客，如果你玩过著名的动作冒险类游戏《刺客信条》，这里面就有他们。如果没玩过也没关系，你把他们想象成武侠小说里的杀手组织即可。

阿萨辛人对各种杀人手段烂熟于心，尤其善于乔装打扮和使用有毒的匕首。还擅长飞鸽传书，可以通过普普通通的鸽子，来传递各地的情报。

历史上的阿萨辛人，有时候刺杀基督徒，有时候也为利益驱使，充当伊斯兰世界内部斗争的工具。他们唯一效忠的对象是自己的首领。相传，1194 年，当基督徒去拜会阿萨辛人时，为了让来客理解什么才是阿萨辛人的忠诚，首领回过身，向两个站在城堡塔顶的侍从轻轻做了个手势，他们便毫不犹豫地从塔顶跳了下来，摔得粉身碎骨。

萨拉丁就是被这个可怕的组织给盯上了。他在叙利亚指挥作战期间，两次险些遭到暗杀。阿萨辛人要杀萨拉丁，既是因为受了萨拉丁的敌人的委托，也因为阿萨辛是一个信奉什叶派的组织，对埃及的法蒂玛王朝心怀同情。

幸好，萨拉丁很快查明了刺客的身份。

1176 年，他亲自带兵，包围了阿萨辛的大本营。

要论硬碰硬的正面交战，阿萨辛人自然不是萨拉丁大军的对手，可是萨拉丁也很懂得分寸。所谓明枪易躲，暗箭难防，阿萨辛这样藏在暗处的冤家，宜解不宜结。

于是，当阿萨辛人发誓，不再对自己进行暗杀之后，萨拉丁就态度友好地带兵撤退了。

顺便提一句，这个组织最后是被西征路过的蒙古大军灭的。

在稳固了自己的政治地位，解除了暗杀的威胁之后，站稳脚跟的萨拉丁终于可以将注意力转向驱逐十字军了。

◆ 哈丁战役

1187 年 7 月 3 日，是一个星期五，决定十字军命运的哈丁战役就此打响。

在他的一生中，萨拉丁特别喜欢在星期五向基督徒发起攻势。因为星期五对于穆斯林来说是主麻日，是个好日子，对于基督徒来说，却是耶稣被钉上十字架的日子，是黑色的一天。

7 月 3 日清晨，2 万名十字军战士，其中包括 1200 名精锐骑兵和 3000 名重装步兵，向位于今以色列东北部的太巴列进发。

两天前，太巴列刚刚被萨拉丁攻陷，十字军迅速完成了动员，开赴太巴列。

然而，经验丰富的萨拉丁之所以选择攻打太巴列，就是为了吸引十字军出战。为了招呼这些远道而来的客人，他已经做好了充分准备。

在盛夏的荒漠中行军，是一件极度辛苦的事。十字军战士穿着厚厚的铠甲，本来就够热了，为了不让 7 月的阳光把铁甲晒得烫人，他们还要在外面穿上一层罩衣，就像活活把自己放进了蒸笼里。为此，看上去只有区区几十公里的行军，足以让最训练有素的军人筋疲力尽。

萨拉丁对十字军的动向一清二楚，十字军刚一出发，他就命令轻骑兵来回穿梭，沿途用弓箭骚扰敌人。

十字军不仅要忍受口渴和炎热，还要抵御穆斯林弓箭的骚扰，许多十字军战士的嘴唇干裂结痂，舌头也失去了知觉。

萨拉丁成功拖住了十字军的脚步，到正午时分，十字军明白，他们已经无法在当天日落前，顺利赶到太巴列补充水源了。为了寻找地势安全的宿营地，十字军偏离了既定路线，向 10 公里外的哈丁转移，那里有少量泉水，他们决定在那里扎营，等明天再向太巴列进发。

萨拉丁把这一切看在眼里，他紧随十字军的行踪，也率军前往哈丁。

他把大军驻扎在十字军的营地和水源的正中间，命令部队封锁道路，以切断十字军补充淡水的可能。

同时，按照他早先的安排，由骆驼拉载的运水车队，正源源不断地从太巴列的湖畔送来淡水。对十字军来说，这是炎热、干渴、绝望，偏偏还很吵闹的一夜。

吃饱喝足的穆斯林战士，就在十字军营地的不远处祈祷、高歌、打鼓。他们甚至到十字军的上风向放了一把火，让口干舌燥的十字军更加干渴难忍。

第二天早上，体力透支的十字军，已经来到崩溃的边缘，他们被迫在哈丁提前投入决战。可是他们早就丧失了战斗力，除了渴死、热死的士兵以外，所有活着的十字军，几乎被萨拉丁尽数俘虏。

十字军与萨拉丁的战争，是一场基督徒与穆斯林的宗教战争。在一切战争中，宗教战争常常是最血腥、最残忍的一种。如果说，杀人会让人本

◆ 萨拉丁释放耶路撒冷国王

◆ 萨拉丁率领的穆斯林军队攻占耶路撒冷

能地感到不安的话，杀死异教徒却不会。人们被反复教导，杀死异教徒，不是杀人，不会下地狱，相反，还会因此上天堂。向异教徒开战，给了人们戴着天使的面具去做魔鬼的机会。

过去发生在基督徒与穆斯林之间的战争就是如此。这一次，十字军也没有对自己的命运抱有希望。然而，出乎意料的是，萨拉丁却对幸存的十字军采取了相当仁慈的态度。

萨拉丁释放了十字军的首领、耶路撒冷王国的国王居伊。对于其他骑士，他也表现得宽宏大量，予以释放。

耶路撒冷城内的十字军主力，都已在哈丁沦为俘虏，所以哈丁战役结束后，距离萨拉丁收复耶路撒冷，只是个时间问题。在围攻耶路撒冷长达一个多礼拜后，守军表示愿意投降，萨拉丁随即停止了进攻。

1187 年 10 月 2 日，萨拉丁率军进入耶路撒冷，时隔 88 年后，耶路撒冷再度回到穆斯林的怀抱。

萨拉丁选在这一天进城，是有特殊考虑的：这一天正是伊斯兰教的登霄节，穆斯林相信，先知穆罕默德就是在这一天在耶路撒冷的一块石头上登上九重天，见到了真主安拉。所以耶路撒冷成为伊斯兰教在麦加、麦地那之后的第三圣地，一定要收回。

与 88 年前闯入耶路撒冷后大开杀戒的十字军相比，萨拉丁进入耶路撒冷后，没有杀一个基督徒，也没有抢一个基督徒的财产。根据受降协议，耶路撒冷城内的人民，只需要缴纳极低的赎金，就可以获得自由。每个男子要交 10 第纳尔，每个女子只需交 5 第纳尔，这大约只相当于今天的几十美元。当然，即使是在赎金已经很低的情况下，仍然会有人交不起赎金。按照协议，无力缴纳的穷人将沦为奴隶，但是到最后，萨拉丁慷慨地免去了所有穷苦百姓的赎金，将他们全部释放。这些欧洲人满心欢喜地带着自己的财产，安全地离开了圣地。

不得不说萨拉丁的所作所为，是中世纪宗教战争中的一股清流。

所以在西方，萨拉丁不仅以战功闻名，还以他的善良和仁慈而家喻户晓。长期以来，萨拉丁是最受西方人赞美的穆斯林。西方人歌颂他的善行，认为他虽然并非基督教的骑士，却比绝大多数的骑士更具有真正的骑士美德。

回到我们的主题，为什么说萨拉丁不愧为伊斯兰世界的中兴之主呢？这是因为，十字军之所以能够入侵东方，很大程度上是因为伊斯兰世界自己陷入了分裂。在教派与民族等多重矛盾下，是很难抵御外来的侵略的。但是，萨拉丁作为一位优秀的战略家，看清了问题所在，用自己强大的实力和高超的手腕，成功使伊斯兰世界整合起来，并且集结了最强的力量，成功抗击了西方人。不仅如此，在获胜之后，还能够采取相对宽容的宗教

◆ 萨拉丁与“狮心”理查达成和平意向

政策，对战败者施以仁政，允许基督徒和伊斯兰教徒都能够相对自由和平地在耶路撒冷生活，彼此还能进行一些商贸活动，让被战争折磨了几十年的普通百姓有了休养生息的机会，可以称得上是一位难得的明君了。

至今大马士革的萨拉丁墓仍然祭拜者众多，你如果将来某一天有机会走一遍丝绸之路，建议去看一看。

（杨盛翔）

图书在版编目（CIP）数据

当世界年轻的时候／花木僧主编；杨盛翔等著 .-- 北京：新星出版社，2022.3

（文明的故事；1）

ISBN 978-7-5133-4745-7

Ⅰ．①当… Ⅱ．①花… ②杨… Ⅲ．①世界史－文化史 Ⅳ．① K103

中国版本图书馆 CIP 数据核字 (2022) 第 005320 号

文明的故事（第一卷）

当世界年轻的时候

花木僧　主编；杨盛翔　等著

责任编辑：姜　淮

产品经理：李金学

责任校对：刘　义

责任印制：李珊珊

装帧设计：冷暖儿

出版发行：新星出版社

出 版 人：马汝军

社　　址：北京市西城区车公庄大街丙3号楼　　100044

网　　址：www.newstarpress.com

电　　话：010-88310888

传　　真：010-65270449

法律顾问：北京市岳成律师事务所

读者服务：010-88310811　　service@newstarpress.com

邮购地址：北京市西城区车公庄大街丙3号楼　　100044

印　　刷：北京美图印务有限公司

开　　本：889mm × 1194mm　　1/16

印　　张：17.5

字　　数：217千字

版　　次：2022年3月第一版　　2022年3月第一次印刷

书　　号：ISBN 978-7-5133-4745-7

定　　价：68.00元
